Tayala Léha

3. Weltkrieg in 2022 !

Was ich BISHER nicht wusste...

Tayala Léha

3. Weltkrieg in 2022 !

Was ich BISHER nicht wusste...

FSC
www.fsc.org
MIX
Papier aus ver-
antwortungsvollen
Quellen
Paper from
responsible sources
FSC® C105338

Bibliografische Information der Deutschen
Nationalbibliothek: Die Deutsche Nationalbibliothek
verzeichnet diese Publikation in der Deutschen
Nationalbibliografie; detaillierte bibliografische Daten
sind im Internet über www.dnb.de abrufbar.

Herstellung und Verlag:
BoD - Books on Demand, Norderstedt

ISBN 978-3-7557-5549-4

Inhaltsverzeichnis

* * *

Tatsächlich Krieg in 2021...?
Meine Briefe an eine Freundin...
Ein Medium sagt, was es sieht.

* * *

3. Weltkrieg in 2022 !
Was ich BISHER nicht wusste...

* * *

HINWEIS

„Was wir auch sehen,

was wir auch glauben – wir dürfen nicht

das VERTRAUEN in das Leben verlieren,

denn sonst sind wir verloren..."

T. L.

>>> **VORWORT zu allen 3 Teilen** <<<

„2021 sollte es schon Krieg geben... Aber er ist nicht eingetroffen!" - das sagte letztens eine liebe Bekannte zu mir, die meine Prophezeiung kannte...

Ist er nicht eingetroffen? Vielleicht nicht so, wie von Irlmaier vorausgesagt und von mir gesehen – NOCH nicht.

Stephan Berndt schrieb in einem seiner wunderbaren Bücher, dass die Krux ist, dass viele berühmte Propheten und Hellseher sich oft in der Zeit irrten, aber nicht mit den Ereignissen, die sie vorhersahen. Es gibt meistens einen „zeitlichen Spielraum", doch wie groß der ist, vermag man meist erst hinterher zu sagen.

Viele der Vorhersagen, die VOR dem Krieg eintreffen müssten, haben sich im letzten Jahr nicht erfüllt. Aber jetzt treffen sie alle ein – nach und nach. Ich verfolge es sehr genau.

Warum ich überhaupt solche Bücher schreibe, über die Prophezeiung und den Krieg... wurde ich gefragt. Ich würde den Menschen doch nur Angst machen, sie würden es letzten Endes doch nicht glauben, was da geschrieben steht.

Nun, ich kann nur EINES: warnen, wenn ich Dinge sehe, von denen ich glaube, sie könnten uns alle gefährden. Mehr kann ich nicht tun. Ich sehe, und ich teile mit, was ich sehe. Der Rest liegt bei jedem selbst...

Ich kann mich diesen ungefragten Visionen nicht entziehen. Dafür bin ich geboren als Medium, und dass es sich dieses Mal um einen Krieg handelt, den ich sehe – das gefällt mir persönlich überhaupt nicht. Es sind die einzigen Bücher in meiner Autorenlaufbahn, die ich wahrlich schweren Herzens geschrieben habe und schreibe.

„Was willst du mit deinen Büchern bezwecken? Dass die Leute Angst bekommen?". Diese Frage kommt oft. NEIN!

Ich will keine Angst verbreiten! Ich hoffe, dass die Menschen lesen, achtsam sind und sich ggf. vorbereiten auf etwas, was wir uns alle nicht vorstellen können, aber „geschrieben steht".

Ich habe das kleine Büchlein...

KRIEG IN 2021...?
Alois Irlmaier gibt Vorzeichen
bereits 1959 bekannt..."

...geschrieben, um eine Zusammenfassung aller wichtigen Fakten auf KLEINSTEM FORMAT zu bieten für all DIE Leute, die nicht viel Zeit haben, um dicke Bücher zu wälzen (wenngleich ich es für sehr ratsam halte, die umfangreichen Bücher von Stephan Berndt alle aufmerksam zu studieren!!).

Ich wollte ein kleines Buch schreiben, das ich ins Englische übersetzen lassen kann, damit auch Menschen in anderen Erdteilen und Ländern gewarnt sind.

Diese englischsprachige Ausgabe...

„WAR IN 2021...?"

...ist in folgenden Ländern erhältlich:

Deutschland, Österreich und der Schweiz

sowie in Indien, China, Südkorea,

Brasilien, England, Australien,

Kanada und in den USA.

Es war mir ein wichtiges Anliegen: auch im Ausland zu warnen und zu informieren über etwas, das so dermaßen unwahrscheinlich klingt, dass ich es selbst ja kaum glauben kann... - wären da nicht meine Visionen!

Das nachfolgende eBook....

Tatsächlich Krieg in 2021...?
Meine Briefe an eine Freundin...
Ein Medium sagt, was es sieht.

...beschreibt meine Visionen. Diese Briefe an eine Freundin habe ich für Euch veröffentlicht. Wer sich informieren will, was ich sehe, kann es lesen. Noch dazu enthält das eBook wertvolle Tipps zur Vorsorge – in Briefform an meine liebe Vertraute zusammengefasst, weil sie wissen wollte, was sie TUN kann.

Diese beiden Büchlein habe ich in dieses Buch integriert, und meine neuesten Erkenntnisse im 3. Teil sollen Euch die Vorzeichen aufzeigen, die Ihr selbst im Winter 21/22 und im Frühling 2022 nachverfolgen könnt (!). Werden sie alle eintreffen?? Ich vermute stark, wir leben und laufen tatsächlich auf etwas zu, das uns mehr als nur fordern würde. Es könnte uns wahrlich bluten lassen...

Informiert Euch, belest Euch und zieht Eure eigenen Schlüsse!

Achtsamkeit ist das Gebot der Stunde...

Tayala Léha.

* * *

„Sehen" ist nicht immer leicht...

Es ist eine Gabe,

aber manchmal auch eine Last...

Du stehst allein mit den Bildern,

die andere nicht sehen...

...und ahnst,

dass alles wahr werden wird.

T. L.

* * *

TEIL 1

TAYALA LÉHA

KRIEG IN 2021...?

Vorwort

Ich bin Tayala Léha - Heilerin und Buchautorin, medial begabt von Geburt an. Wie ich dazu komme, dieses Büchlein zu schreiben?

Am 30. April 2020 fiel ich vorm Gartentor daheim einfach um. Ich konnte mich weder bewegen noch sprechen, ja, nicht einmal mehr meine Augen öffnen... In meinem Geiste sah ich weißes Licht auf mich zukommen, und eine männliche Stimme stellte mir liebevoll DIE EINE FRAGE: „Willst du mit mir kommen?". Mein Sehnen war in diesem Moment SO stark, dass ich einfach „Ja." sagte. Doch da raunte mir die sanfte Stimme zu: „Ich brauche dich noch auf Erden...". Wieso wurde ich dann überhaupt gefragt, ob ich gehen wolle? Umgehend bekam ich Bilder gezeigt, hatte Visionen, die mir aufzeigten, WOFÜR ich mit meinen „etwas anderen Fähigkeiten" TATSÄCHLICH noch gebraucht würde... Als das weiße Licht verblasste, verschwand wie durch ein Wunder im Laufe von wenigen Minuten auch meine körperliche Schwäche.

Am gleichen Abend am Küchentisch: ich wurde aufgefordert, mein Handy zur Hand zu nehmen und nach einem bestimmten „Stichwort" zu googeln. Eigentlich fühlte ich mich noch zu erschöpft, um das zu tun, aber die Stimme in meinem Kopf war so unnachgiebig, sodass ich tat, worum ich gebeten wurde...

Man führte mich zu den Vorhersagen des ALOIS IRLMAIER...

Bis zu diesem Tag hatte ich noch niemals etwas von diesem Mann gehört.

Wer war Alois Irlmaier?

Alois Irlmaier war Brunnenbauer und Hellseher und lebte von 1894 bis 1959.

Schon zu Lebzeiten waren seine hellsichtigen Fähigkeiten sehr gefragt. Selbst Konrad Adenauer soll ihm einen Besuch abgestattet haben.

In seiner Region WUSSTEN alle Menschen, WAS Alois Irlmaier KANN. Sie nahmen seine Voraussagen ernst und dadurch rettete er vielen Menschen das Leben, da er Bombeneinschläge exakt vorhersagen konnte.

Auch vor dem Amtsgericht in Laufen befreite er sich selbst vom Vorwurf der „Gaukelei", indem er BEWIES, was er konnte. In der Urteilsbegründung vom 4. September 1950 kann man heute noch nachlesen, welche Gaben ihn auszeichneten. (1*)

Zehn Jahre lang - bis zu seinem Tod 1959 - warnte er vor einem 3. Weltkrieg, der völlig unerwartet (nicht nur) über Deutschland hereinbrechen würde... Aber: es gäbe Vorzeichen!

Die VORZEICHEN des 3. Weltkrieges

Nach Alois Irlmaier gibt es folgende Vorzeichen IN DEUTSCHLAND:

- *Zuerst kommt ein Wohlstand wie noch nie!*
- *Dann folgt ein Glaubensabfall wie noch nie zuvor.*
- *Darauf eine Sittenverderbnis wie noch nie.*
- *Alsdann kommt eine große Anzahl bunter Fremdlinge ins Land.*
- *Das Geld verliert mehr und mehr an Wert.*
- *Bald darauf folgt die Revolution.*
- *Dann überfallen die Russen über Nacht den Westen.*

...Wir können alles kaufen, was unser Herz begehrt.

...Wer glaubt heute noch wirklich an Gott?

...Pornos, One-Night-Stands und Swingerclubs - „Sittenverderbnis" pur?

...2015 – die Flüchtlingskrise.

...Verliert unser Geld JETZT durch die Corona-Krise an Wert?

...„Revolution" - die Leute gingen im Frühjahr 2020 auf die Straße, und das nicht nur in Deutschland...

...Im Hochsommer eines Jahres käme für alle völlig unerwartet der Überfall der Russen auf den Westen.

Zeitangaben gab es keine genauen, aber auch hierzu einige Eckdaten, die man beachten sollte:

***

„Der Krieg wird zu einer Zeit ausbrechen, wo die Menschen mit kleinen Pappdeckeln bezahlen und mit kleinen, schwarzen Kästchen reden, die ihnen auch Antwort geben".

Ich glaube kaum, dass man 1959 Kreditkarten und Smartphones kannte...

***

Zu einer jungen Caritas-Schwester (sie könnte damals ungefähr 18 Jahre alt gewesen sein) soll Irlmaier 1950 gesagt haben: „Mädchen, du erlebst die große Umwälzung noch.".

Diese Dame müsste heute ca. 88 Jahre alt sein.
Wie lange wird sie wohl noch leben???

***

Der Krieg würde im Hochsommer eines Jahres ausbrechen, dem *ein sehr warmer Winter* vorangegangen ist...

Im letzten Winter (2019/2020) war es tatsächlich sehr warm im „eigentlich winterlichen" Deutschland. Wie wird wohl der nächste sein?

***

Irlmaier sagte: „Der Stunk geht um die Welt!". Andere Hellseher betiteln dieses Vorzeichen als *„globale Krise",* die dem Krieg unmittelbar vorausgehen soll...

Was „STUNK" bedeutet?

Ich habe nachgeschaut...

Ärger, Auseinandersetzung, Streit, Zank, Zusammenstoß, Krach, Trouble, Verdruss, Zoff.

Die CORONA-KRISE ist eine weltweite Krise, die jede Menge „Stunk" ausgelöst hat in vielen Staaten unserer Erde - das zumindest ist meine ganz persönliche Deutung...

Ablauf des Krieges

Im Hochsommer eines Jahres (vermutlich Ende Juli / Anfang August) soll der Krieg völlig überraschend für Deutschland ausbrechen: *„Nach dem 3. Mord an einem Hochstehenden geht`s über Nacht los.".*
Völlig überraschend sollen „die Russen ÜBER NACHT den Westen" überfallen. In Speyer z.B. soll der Krieg in einer Nacht von Freitag auf Samstag zwischen 0.00 und 2.00 Uhr losgehen...

Alois Irlmaier sieht eine DREI. *„Sind es 3 Tage, 3 Wochen oder 3 Monate?".* Da die „dreitägige Finsternis" im Spätherbst diesen Krieg beenden soll, könnte er vermutlich 3 Monate anhalten...

„Zwischen Donau und Rhein ist alles in Rauch gehüllt." . Zieht südlich der Donau und westlich des Rheins! Dort wäre es laut Irlmaier sicherer als im restlichen Deutschland.

Ein breiter Streifen von der *goldenen Stadt* (Prag?) bis zur Bucht an der See soll über ein Jahr lang tödlich sein für jeden, der ihn betritt. *„Alles stirbt, selbst der Wurm 10 Meter tief unter der Erde.".* Gift? Anzunehmen. Tausende von Kampfdrohnen können ohne weiteres das tödliche Etwas *„aus dem Sand Afrikas"* in den *„Flugzeugen ohne Männer"* auf den Weg bringen.

„Ein einzelnes Flugzeug, das von Osten kommt, wirft einen Gegenstand ins große Wasser. Da hebt sich das Wasser wie ein einziges Stück turmhoch und fällt wieder herunter. Alles wird überschwemmt.".
Eine Wasserstoffbombe hat solch eine Macht! Laut der Vorhersage soll diese Flut große Teile von Belgien, Holland, Dänemark, Deutschland und ggf. Nordfrankreich überschwemmen. Das

wäre eine Flut, der niemand entrinnen kann, sollte man sich in einem - nach der Prophezeiung - gefährdeten Gebiet aufhalten. Der südliche Teil Englands würde ins Wasser hinabrutschen...

Die Städte Frankfurt, Landau an der Isar, Hamburg, Berlin, Karlsruhe, Köln, Koblenz, Landshut, Nürnberg, Passau, Regensburg und Stuttgart seien im Laufe des Krieges in großer Gefahr!

„Relativ sicher" (bis auf bürgerkriegsähnliche Unruhen und gewaltige Flüchtlingsströme) seien München, Lindau am Bodensee, der „Saurüssel", der Osten des bayerischen Alpenraumes, das Allgäu und „Watzmann bis Wendelstein" (Berge).

Die dreitägige Finsternis

Der Krieg soll durch eine „dreitägige Finsternis" beendet werden – so Irlmaier. In diesen 72 Stunden würden mehr Menschen in Deutschland sterben als im 1. und 2. Weltkrieg zusammen. Viele berühmte Seher aus verschiedenen Erdteilen und Jahrhunderten haben diese „dreitägige Finsternis" vorhergesehen – meist im Zusammenhang mit einem Krieg, der „von Ost nach West geführt wird".

Ist die „dreitägige Finsternis" eine Naturkatastrophe? Es klingt ganz danach, denn sie wird für die gesamte Nordhalbkugel vorausgesagt. Kann man sich schützen, und wenn ja, wie?

Alois Irlmaier gibt ganz konkrete Tipps:

- In einer sehr kalten Nacht im Spätherbst geht es los. Da hört man einen Donner, und dann solle man alle Türen und Fenster DICHT schließen.

- Fenster mit schwarzem Papier zukleben und nicht hinausschauen. *„Wer hinausschaut, stirbt!"*.
- Keinen mehr hereinlassen, egal, wer um Einlass fleht.
- „Der Staubtod" geht draußen um; wer den Staub einatmet, bekommt einen Krampf und stirbt.
- Man solle eine geweihte Kerze brennen lassen und beten. Der Strom wird aufhören.
- Essen in Dosen solle man bevorraten und Trockenes, wie Mehl und Reis.

„Erst der Krieg, und dann auch noch eine die gesamte Nordhalbkugel umfassende Natur-katastrophe? So ein Unsinn!" - das könnte man versucht sein zu denken... Doch schaut man sich die verfügbare Literatur genauer an und liest ausgiebig in allen Richtungen, dann stellt man schnell fest: alle Fäden führen zusammen...

Fazit: was prophezeit wurde, liegt tatsächlich im Bereich des Möglichen! Das macht die

Prophezeiung natürlich NICHT zur Gewissheit... Was macht man nun? Glauben? Oder besser nicht glauben? Das scheint eine wichtige Frage zu sein, die über das Schicksal jedes Einzelnen von uns entscheiden könnte...

Kassandra-Syndrom

Das klingt alles UNGLAUBLICH? Nicht nur in Euren Ohren! Auch ICH kann mir solche Geschehnisse NICHT VORSTELLEN. Doch auch, wenn man sich nicht vorstellen kann, dass so etwas eintritt: manchmal geschehen solche Dinge TROTZDEM!

Kassandra, die Tochter des trojanischen Königs Priamos, war eine angesehene Priesterin und Seherin. Ihr warnendes Wort, das „trojanische Pferd" - das die Griechen am Strand hinterlassen hatten – nicht als Siegestrophäe ins Innere der Stadtmauern zu holen, schlugen alle in den Wind. Selbst ihr eigener Vater glaubte Kassandras Warnungen nicht, und

damit war Troja dem Untergang geweiht...
Noch heute bezeichnet man es als „Kassandra-
Syndrom", wenn Menschen Prophezeiungen
keinen Glauben schenken, weil... sie sich das
Geschehen einfach NICHT VORSTELLEN
KÖNNEN.

Alois Irlmaier warnte eindringlich bis zu
seinem Tode vor einem 3. Weltkrieg. Auf dem
Sterbebett sagte er, er ist wahrlich froh, ihn
nicht mehr erleben zu müssen! ER GLAUBTE,
WAS ER SAH... Was tust DU?

Manchmal lässt sich nur schwer erkennen,
was „wirklich" ist...

Weiterführende Literatur

Wenn Ihr diesen ersten Schreck bis hierhin verdaut habt, möchte ich Euch nun Bücher ans Herz legen, damit Ihr Euch eingehend selbst INFORMIEREN könnt!

Im Internet kann man einige Informationen nachlesen. Ausführliche Informationen zu den verschiedenen Themen finden Sie in den folgenden, deutschsprachigen Büchern:

- „Alois Irlmaier - Der Brunnenbauer von Freilassing. Sein Leben und seine Voraussagen." (Wolfgang Johannes Bekh)

- „Alois Irlmaier - Ein Mann sagt, was er sieht" (Stephan Berndt)

- „Zukunft des Abendlandes? Eine Untersuchung von Prophezeiungen." (Alexander Gann)

- „Countdown Weltkrieg 3.0 - Das Erscheinen der letzten Vorzeichen" (Stephan Berndt)

- „Prophezeiungen zum Dritten Weltkrieg" (Manfred Böckl)

- „Prophezeiungen zur Zukunft Europas und reale Ereignisse" (Stephan Berndt)

- „3 Tage im Spätherbst" (Stephan Berndt)

- „Refugium. Sichere Gebiete nach Alois Irlmaier und anderen Sehern." (Stephan Berndt)

- „Neustart: Visionen und Prophezeiungen über Europa und Deutschland nach Crash, Krieg und Finsternis" (Stephan Berndt)

Auch spannend in diesem Zusammenhang nachzulesen:

„Das Lied der Linde"
Prophezeiungen für Deutschland.

Welche Länder sind betroffen?

Nach Irlmaier und anderen europäischen Sehern sind (u. a.) folgende Länder in das Kriegsgeschehen involviert (2*):

- **_Deutschland_** als „Hauptkampfplatz": besonders zwischen Donau und Rhein, und nach der Bombenflut soll ganz Norddeutschland bis Hannover und bis einschließlich Großraum Berlin überschwemmt werden – inklusive Aachen, Köln und das gesamte Rhein-Main-Gebiet.

- **_Tschechien_** (besonders gefährdet: Böhmen und die Stadt Prag, die angeblich komplett vernichtet werden soll). Irlmaier wortwörtlich: „*Armes Böhmen, armes Prag!*".

- **Österreich** (Wien, Linz sowie andere Orte und Regionen)

- **Belgien** (Bombenflut soll weite Teile überschwemmen! Brügge sei im Krieg relativ sicher.)

- **Holland** (Bombenflut soll einen Großteil des Landes überschwemmen!)

- **Dänemark** (Bombenflut soll auch hier weite Gebiete des Landes überschwemmen!)

- **Finnland** (Russen ziehen über Finnland nach *Schweden* und *Norwegen*.)

- **Schweden** (Umeå, Östersund, Härnösand, Göteborg, Malmö, Falsterbo, Hässleholm, Stockholm, Västervik, Söderköping, Norrköping, Nyköping, Örebro, Hallsberg, Gävle, Borlänge seien schwer gefährdet.)

- *Italien* (leider zu wenige Angaben, aber die Küstenregionen sind stärker bedroht.)

- *Frankreich* (Marseilles soll im Meer versinken, große Schlachten bei Lyon, Strasbourg und Paris, die Küstenregion am Mittelmeer wäre zu meiden.)

- *England* (Durch die Bombenflut zwischen Festland und der Insel soll Südengland *„ins Meer hinabrutschen...".*)

...über **Alaska** würden *„gelbe Menschen"* zeitgleich in **Kanada** und in den **USA** einfallen. *„Doch werden die Massen zurückgeschlagen."* so Irlmaier.

Welches Land würde sich ergo noch am Krieg beteiligen...? Und wieso?
Darauf werden wir heute und hier wohl keine Antwort finden. Ich persönlich frage mich, was die Machthaber in Russland so dermaßen erzürnt, dass sie einen Krieg beginnen. Irlmaier sieht ein Attentat auf einen hochrangigen

Politiker, das der Auslöser sein soll für den Krieg.

Menschen reagieren emotional, auch Politiker sind davor nicht gefeit. Ich denke, dass keiner leichtfertig einen Krieg beginnt. Da muss schon was dahinter stecken...

Kurz und gut: die Prophezeiungen „stehen". Dass das alles UNGLAUBLICH klingt, braucht mir keiner zu sagen. Doch die Vorhersagen von Alois Irlmaier (Deutschland), Anton Johansson (Norwegen), Birger Claesson (Schweden) und vielen anderen Sehern sind eine Warnung an uns!

Praktische Tipps

Wie will man einem Ereignis begegnen, das man nicht einschätzen kann? Schwierig...

Doch was man ganz sicher ahnen kann: Supermärkte, Apotheken, Tankstellen, Stromnetz, Wasserversorgung - das alles dürfte lahmgelegt sein in Kriegszeiten. Was dann? Sind wir auf so etwas vorbereitet? Meines Erachtens nach lautet bei den meisten die eindeutige Antwort: NEIN. Wie auch...?

Was kann man also tun, damit man nicht völlig unvorbereitet in eine solche Krisensituation gerät? Informiert sein ist wichtig! Nur, wer informiert ist, kann sich vorbereiten...
Wenn man jedoch liest, wie dieser Krieg ablaufen soll, fragt man sich sicher, ob es überhaupt möglich ist, sich zu schützen.

Nun, am Ende liegt die Sache FÜR MICH so: wenn unsere Zeit um ist, ist sie um. Wenn sie aber nicht um ist, dann gibt es allemal eine Chance! Den Kopf in den Sand stecken - das ist zumindest für mich im Moment keine Lösung...

Also rate ich zur VORSORGE, die man ganz PRAKTISCH betreiben kann, die aber natürlich nur dann Sinn macht, wenn man sich nicht in einem besonders gefährdeten Gebiet aufhält.

1. Informationsempfang sichern mit WELTEMPFÄNGER (unabhängig vom Stromnetz sein!)
2. Tasche mit allen wichtigen Dokumenten und etwas Geld in die Nähe der Wohnungstür stellen
3. Sauberes Trinkwasser sichern durch WASSERFILTER
4. Wasserkanister für Wasservorrat
5. Tabletten / Pulver, um Wasser haltbar zu machen
6. Schlafsack für KALTE NÄCHTE
7. Unterlegplane oder Isomatte

8. Biwaksack
9. kleines Moskitonetz (!)
10. ggf. Tarp (kein Zelt!), Schnüre, Zeltheringe
11. Ohrstöpsel (Schlaf ist WICHTIG!)
12. Gaskocher und Gaskartuschen ODER / UND Holzvergaserofen (klein)
13. Zündstahl zum Feuermachen
14. Brille! Zweitexemplar anschaffen und sicher verwahren!
15. Klapptoilette (ohne Strom keine Klospülung!)
16. Kerzen als Lichtquelle
17. GEWEIHTE KERZEN (3*) und schwarzes Papier (4*) für die Fenster (Vorsorge: dreitägige Finsternis)
18. Kernseife u. alle Hygieneartikel (z.B. koch- und waschbares Stoff-Klopapier und Stoff-Damenbinden!)
19. Stofftaschentücher (kochfest)
20. Automatik-Armbanduhr oder eine mit Handaufzug (ohne Batterie, möglichst MIT Datumsanzeige)
21. Kompass

22. Fensterleder als „Handtuch" oder kleine Microfaserlappen – die tun es tatsächlich und sind leicht zu verstauen

23. Dosenvorrat, Trockenfrüchte, Mehl, Reis für mindestens 3 Wochen

24. **Wichtige Medikamente bevorraten!**

Aus meiner Sicht wäre Folgendes empfehlenswert:

- Schlafsack im Freien testen (...ganz wichtig: mit Moskitonetz!)

- Test: Tarp aufspannen

- Anzündhilfen und kleines Holz im Wald sammeln, Feuer machen (bitte im eigenen Grundstück!): Holzvergaser-ofen in Betrieb nehmen

- Wildkräuter sammeln (besonders die in Kriegszeiten wertvollen Heilpflanzen Brennnessel und Giersch) und einfache Gerichte kochen.

Ein Tarp aufbauen erfordert – wie Vieles andere auch -
ÜBUNG... ;-)
Man kann es hoch aufstellen oder bei Regen niedrig halten – in
jedem Fall unbedingt die „geschlossene Seite" Richtung Westen
bzw. Norden (Wetterseite).

MEINE VISIONEN

2016 hatte ich während eines Gebets eine Eingebung:

„2021 gibt es Krieg in Deutschland.
Warne alle, die du kennst!".

Nur äußerst zögerlich ließ ich mich darauf ein. Noch niemals hatte ich „Vorhersagen zum Weltgeschehen" erhalten, und deshalb wusste ich auch nur wenig damit anzufangen.

Im Januar dieses Jahres (2020) wurde mir „zugeraunt", dass möglicherweise im nächsten Jahr in Deutschland die Kartoffeln und das Getreide knapp würden.

Damit man einigermaßen gut durch die Zeit käme und NICHT HUNGERN MÜSSTE, sollte man...

1. ...Maismehl kaufen (Masa Harina!), um dünne Fladen backen zu können, die man dann mit all dem füllen könnte, was es gerade gäbe (Gemüse, Kräuter, ggf. auch Fleisch).

2. ...sich einen stromlosen Joghurt-Maker anschaffen, damit man mit Milch und etwas kochendem Wasser selbst Joghurt herstellen könne. Der würde – vor allem aus immunstärkenden Aspekten - dafür sorgen, dass man das Ganze „irgendwie überstehen könne". (...natürlich vorausgesetzt, man hat auch vorrätig Joghurtkulturen eingekauft!)

3. ...Wasser IMMER zuerst neben violettes Licht stellen, bevor man es benutzt. (...zur Reinigung? Violettes Licht soll gegen Keime wirken.). Gäbe es keinen Strom mehr für eine Farblichtlampe, dann solle man eine violette Folie nutzen, durch die das Wasser vom Sonnenlicht „violett bestrahlt" würde...

Droht uns wirklich eine Hungersnot? Und wenn ja, wieso?
Gibt es eine Verbindung zwischen der Vorhersage: „Krieg in 2021" und den Ernährungsempfehlungen...???

Schlusswort

Ich persönlich würde den Prophezeiungen von Alois Irlmaier keinen Glauben schenken, wenn... ich sie „durch Zufall" gelesen hätte. Obwohl ich Medium bin, würde ich zweifeln, weil... ich mir nicht vorstellen kann, dass so etwas geschieht. Und da sind wir wieder beim „Kassandra-Syndrom"! ;-)

Deshalb verstehe ich die überwiegend einheitliche Reaktion meiner Freunde auf meine zeitige Warnung in 2016: „Das halte ich für ausgeschlossen!".

Doch ich habe es klar gehört:

„2021 gibt es Krieg in Deutschland".

Kein „...es KÖNNTE Krieg geben". Es war eine klare Formulierung, die deutlich in mein Bewusstsein drang...

Ich kann nicht „auf Kommando hellsehen", sonst würde ich es JETZT tun! Mir werden zu gewissen Zeiten bestimmte Informationen „durchgegeben" - auch und vor allem für mein eigenes Leben. Bisher haben sich DIESE Vorhersagen alle erfüllt – und das seit über 40 Jahren. Und nun, wo ich mich neueren Datums auf dem „fremden Terrain der Weltgeschehnis-Prognosen" bewege, soll das anders sein??

Ich habe recherchiert – gründlichst! Seit meinem Zusammenbruch daheim vorm Gartentor am 30. April habe ich alles auf den Kopf gestellt, was ich an Informationen bekommen konnte. Zunehmend habe ich das unbestimmte GEFÜHL: alle Fäden führen zusammen...

Vermutlich kann niemand mit Gewissheit sagen, ob es ein solches Szenario in „unserer Zeit" geben wird. Aber Sie dürfen sicher sein: wenn es mir die Arbeit wert ist, dieses Büchlein zu schreiben und zu veröffentlichen und ich damit die Gefahr in Kauf nehme, mich mit diesen möglicherweise „abstrus-klingenden" Informationen lächerlich zu machen, dann... können Sie davon ausgehen, dass es mir WICHTIG ist, Euch zu informieren.

Sollte NICHTS von alldem eintreffen, wovon in diesem Büchlein geschrieben steht, gehe ich erleichtert mit meinen Lieben feiern, esse meine Lieblings-Pizza und freue mich meines Lebens...!

Dann habe ich / haben wir im besten Fall ein wenig mehr über „Krisen-Vorsorge" und auch über „Nachhaltigkeit" gelernt, denn alles, was man in einem Krieg nutzt und braucht, lässt sich nicht mit unserer „Wegwerfgesellschaft" vereinbaren. Jedoch, meine Bitte AN EUCH lautet: achtet auf das Weltgeschehen – aus einem nun etwas anderen Blickwinkel heraus –, und was auch immer Ihr für richtig haltet und TUN wollt: TUT ES BALD!

Ich wünsche uns allen, dass diese Prophezeiungen sich niemals erfüllen werden, und ganz gleich, ob sie „fix" oder „veränderlich" sind - ich bin vorsorgend tätig UND bete und hoffe auf das Beste....

Eure Tayala Léha.

PS: DATUM ?

Mein Büchlein steht kurz vor der Veröffentlichung... Seit Tagen geistert ein Datum in meinem Kopf herum:

13. August.

Ich habe - meiner Intuition folgend - mal in Bezug auf die Prophezeiung nachgeschaut: der 13. August fällt 2020 auf einen Donnerstag, 2021 auf einen Freitag...

Ich erinnere mich, dass Irlmaier sagte, *„In SPEYER (Deutschland) beginnt der Krieg an einem Freitag zwischen 0.00 und 2.00 Uhr."*. Eine andere Hellseherin sah, dass *„der Hafer bereitläge, aber nicht mehr eingebracht würde."*. (2*)

Hafer wird üblicherweise ab Mitte August geerntet. Ich wollte es ganz genau wissen... Ein Anruf am 23.07.2020 beim bayrischen Landwirtschaftsministerium ergab: „In den

nächsten beiden Wochen wird der Weizen eingebracht und in 2 bis 3 Wochen der Hafer." !
Volltreffer!
Wann wird die Haferernte im nächsten Jahr sein...?

Die „globale Krise", die dem Krieg UNMITTELBAR vorausgehen soll und die von vielen, anerkannten Hellsehern vorhergesagt wurde, ist möglicherweise die „Corona-Krise".
Holt uns das prophezeite Geschehen schon in 3 Wochen ein in 2020? Oder bricht der Krieg im nächsten Sommer aus? Vielleicht entgehen wir dem Kriegsgeschehen auch...? Keiner weiß es sicher.
Ich bitte Euch wiederholt: Achtet genauestens auf die „VORZEICHEN nach Irlmaier" und auf die aktuelle Entwicklung des Weltgeschehens!

Nehmt den „13. August" vorsichtshalber NICHT wörtlich, aber ich fühle mich verpflichtet, die Eingebung mit dem Datum zu notieren, weil... es mir nicht mehr aus dem Kopf geht...

Quellenverzeichnis / Erläuterungen

1* „Gaukler-Prozess", Staatsarchiv München / BezA/LRA 208.026 - auch nachzulesen unter www.alois-irlmaier.de
(Dokumente Überblick)

2* Quelle: Buch „Refugium" (Stephan Berndt)

3* „Geweihte Kerzen" gehören zu den von einem Priester geweihten Sakramentalien. Diese Kerzen sollen ein „LICHT" sein in verschiedenen Lebenslagen.

4* Schwarzes Papier als Abdeckung für alle Fenster, damit man NICHT HINAUSSCHAUEN oder aber auch nicht hereinschauen kann.

<u>Buchtipp</u>

Dieses Büchlein gibt es auch in einer

englischsprachigen Printausgabe.

ISBN 978-3-7504-9958-4

Diese ist erhältlich im Buchhandel in

Deutschland, Österreich und der Schweiz

sowie in Indien, China, Südkorea,

Brasilien, England, Australien,

Kanada und in den USA.

TEIL 2

Tayala Léha

Tatsächlich
Krieg in 2021…?

Meine Briefe an eine Freundin…
Ein Medium sagt, was es sieht.

Vorwort

Briefe zu veröffentlichen - das habe ich noch nie gemacht. Heute nennt man das Briefschreiben: eine Mail senden. Und nein, ich bin nicht von vorvorgestern... Auch ich schreibe Mails. Aber manchmal schreibe ich auch Briefe. Sie haben eine andere Gewichtung... - so mein Empfinden. Einen Brief zu bekommen - das hat was. Du hast einen Bogen Papier in der Hand - oder mehrere - ... und kannst lesen, während du im Garten auf einem Stuhl sitzt und dein Gesicht von der Sonne bescheinen lässt. Du kannst ohne Strom lesen...

Das Anliegen, das ich in diesen Briefen formuliere, das Anliegen, dem ich Worte schenke, um ihm Ausdruck zu verleihen - es belastet mich, sehr! Und doch kann ich nicht umhin, mich damit zu beschäftigen...

Prophezeiungen sind so eine Sache. Ich kenne sie aus meinem Leben - ganz privat und persönlich. Und genau da setze ich an, damit jeder (auch meine Freundin) versteht, vor welchem Hintergrund ich mich ängstige... Meine Erfahrungen zeigen, es ist niemals falsch gewesen, was ich sah...

Mögen die Visionen sich als falsch erweisen. Mögen mich alle auslachen im Spätherbst und mir sagen oder schreiben, was ich für einen Blödsinn geschrieben habe. Ich wünsche mir nichts sehnlicher! Denn: sollten sich meine Visionen als richtig erweisen, dann wünschen wir alle, es würde nicht geschehen sein. Das garantiere ich!

Eure Tayala Léha.

28. Mai 2021

Liebe Sara!

Ich möchte Dir schreiben und weiß doch nicht, wo ich beginnen soll... In meinem Kopf schwirrt es vor lauter Informationen - und das schon seit weit über einem Jahr. Ich werde sie nicht los!

Ich umarme Dich schon jetzt, aus der Ferne, denn man weiß nicht, wie lange das Sich-Mitteilen noch möglich sein wird. Irlmaier, Alois Irlmaier hat gesagt, dass es einen 3. Weltkrieg nach einer globalen Krise geben wird. Über 40 Hellseher haben dasselbe gesehen. Es sind keine, die auf der Straße leben und Unsinn reden. Es sind anerkannte Seher ihrer Zeit - von hochrangigen Politikern aufgesucht, die um Rat baten.

Ich bin keine bekannte Seherin, aber wie Du weißt, "sehe" ich von Geburt an. Als ich im Spätherbst nach Italien wollte in 2019, da sah ich - Du erinnerst Dich vielleicht daran - immer Gitterstäbe, und ich war der Meinung, ich würde in Italien eingesperrt. Ich fürchtete mich regelrecht, die Reise zum Überwintern anzutreten, doch am Ende siegte mein Mut. Ich dachte, es wäre vielleicht nur halb so wild und ich irrte mich... Dann bekam ich wenige Tage vor meiner Abreise gesagt (von oben regelrecht eingeflüstert), dass ich mir einen Sauerstoffkonzentrator kaufen solle. So ein Teil kostet ca. 500 Euro. War das wirklich nötig? Hatte ich mich verhört? Aber jedes Mal, wenn ich mich von dem Gedanken abwenden wollte, hörte ich es wieder: *"Kauf dir einen Sauerstoff-konzentrator, sonst wirst du den Winter in Italien nicht überleben."*. Na, das waren ja tolle Aussichten! Sollte ich nicht doch lieber bleiben?

Ich entschied mich - wie Du weißt - fürs Kaufen des Gerätes, denn die Stimme in meinem Kopf ließ mich nicht mehr schlafen. Also "gab ich nach"... Ich fuhr mit einer Freundin, meinem Wohnwagen und dem Sauerstoffkonzentrator nach Italien. Ich wollte unbedingt meinen Winter am Gardasee verbringen. Die Freundin setzte mich ab und ich blieb.

Nun, es kam, wie ich es sah. Da ich kein Fernsehen nutze, bekam ich nicht mit, wie die ersten Gebiete abgeriegelt wurden wegen... Corona. Ich staunte, als ein Freund mich anrief und mir sagte, ich solle mal den Fernseher anschalten, es wäre da was los in meiner Nähe. Da gäbe es so ein Virus, das ziemlich um sich greift. Ich schaute im Internet mal nach, was es zu lesen gab. Und dann: bumms, war Italien SPERRZONE. Ich war eingesperrt in Italien!!! Die Gitterstäbe hatte ich gesehen, aber dass ich IN ITALIEN eingesperrt würde - auf diesen Gedanken wäre ich NIEMALS gekommen!

Nun, Du weißt: ich kaufte wenige Tage später viele Vorräte, und alle lachten mich aus. Ich konnte nicht mehr abreisen, also richtete ich mich auf eine Notlage ein. Mein Bauchgefühl sagte: kauf ein! Ich tat es und erntete Gelächter dafür... Drei Tage später lag ich mit Covid 19 schwer krank im Bett - in meinem Wohnwagen. Ich war in Quarantäne. Keiner durfte zu mir, ich konnte nicht mehr aufstehen, war zu geschwächt. Mit Mühe machte ich mir Dosenessen warm. Diese Dosen hatte ich Tage zuvor - eigentlich entgegen meiner Neigung, eher frisch zu kochen - gekauft. Nun waren sie meine Rettung, denn meine Beine zitterten so sehr vor Anstrengung, dass ich kaum stehen konnte. Völlig erschöpft lag ich über eine Woche mit Fieber im Bett. Ich schlief fast unentwegt. Nach ca. 3 oder 4 Tagen begann meine Lunge bei jedem Atemzug zu brennen wie Feuer. Da hörte ich wieder leise Worte...: "Nimm den Sauerstoffkonzentrator in Betrieb.". Ich tat es - mit letzter Kraft. Heute bin ich der Meinung, er hat mein Leben gerettet.

Du kennst diese Geschichte wie viele andere meiner Freunde auch, und Du kennst noch sehr viele mehr dieser "ungewöhnlichen Begebenheiten" aus meinem Leben. Und dennoch: jetzt, wo ich was sehe, das wirklich jeden etwas angeht, da hören alle weg. Ich bin ratlos.

Lachen kann man, auslachen kann man mich. Aber ich sehe, was ich sehe. Bitte glaube mir, das ist kein Spaß! Ich sehe seit über einem Jahr Bilder, die mich ängstigen - mehr als das! **Seit ich in Dresden wohne, sehe ich den gelben Staub, den Irlmaier beschrieben hat, in dichten Schwaden fallen. Ich sehe ihn weithin um Dresden...** Ich sehe im Bus, wenn ich mitfahre, die Menschen an. **Ich sehe, wie sie sterben, wie jeder einzelne von ihnen stirbt.** Ich sehe ganz deutliche Bilder.

Kinder... Oh mein Gott - ich sehe die Kinder sterben, die ich im Bus sitzen sehe. Jedes Kind hat ein Gesicht. Es sind keine anonymen Zahlen, es sind DIE Menschen, die JETZT vor mir sitzen. Es sind Lebewesen, Persönlichkeiten. Es sind Menschen wie Du und ich! Was kann ich tun?

"Oregon wird brennen... Oregon wird ein Flammenmeer!".

Was soll ich mit dieser Information anfangen? Ich kenne niemanden im Bundesstaat Oregon. Ich kann keinen warnen, und auch, wenn ich es KÖNNTE, es hört mir keiner zu. Ich bin verzweifelt! Meine Bilder plagen mich Tag und Nacht. Oft schrecke ich des nachts hoch, weinend, sehe, wie der Staub in Dresden fällt, sehe die Panzer rollen, sehe die Menschen, wie sie elend auf der Flucht sind, erbärmlich gekleidet, weil alles weg ist, was sie besaßen, wirklich ALLES!

Ich sehe... während ich träume. Es sind Alpträume! Ich habe gebetet, dass sie sie mir nehmen..., dass das Universum mir sie erlässt. Doch die Antwort war deutlich: **"Wir können dir diese Visionen nicht nehmen, damit du verstehst, dass es ernst ist!".**

Wie ernst kann es sein?

Draußen zwitschern die Vögel... Draußen gibt es Supermärkte und Apotheken, es gibt Ärzte und Kindergärten. Zwar haben wir eine "globale Krise", die die Hellseher vorausgesagt haben, aber... MUSS denn wirklich ein Krieg folgen?

Ich bete, und ich höre: **"Was geschehen muss, muss geschehen!"**.

Es ist nichts zu machen...

Irlmaier hat gesagt, den Krieg könne man vielleicht verhindern, indem man zur Heiligen Jungfrau Maria bete, aber die 3-tägige Finsternis im Spätherbst, die den Krieg beenden solle, diese könne man unter gar keinen Umständen verhindern... Kann das wirklich alles sein?

Du weißt, ich bin normalerweise eine sehr positive Frau. Ich stehe mit beiden Beinen im Leben und meistere es auf die mir eigene Art und Weise. Ich bin keine "Spinnerin", ich bin keine, die verrückt geworden ist. Ich bin Deine Freundin, die Du seit Jahrzehnten kennst.

Zum allerersten Mal in meinem Leben bin ich ratlos. Das ist mir noch nie passiert.

Wenn ich mit Menschen über meine Visionen rede, wenn ich ihnen die Prophezeiung von Irlmaier ans Herz lege, dann weiß ich, sie hören weg. Meine engsten Freunde WOLLEN es nicht hören. Ich bin sooo ratlos!

Ich schreibe Dir, weil ich nicht ein noch aus weiß. Ich bereite mich vor, ich kaufe, was mir gesagt wird. Aber auch das interessiert die meisten nicht. Sie wollen kein Geld ausgeben für etwas, von dem sie noch nicht einmal GLAUBEN, dass es kommen kann. Mein Partner sagt: "Ich sehe das nicht.". "Ja, aber ICH sehe es! Vertraust du mir nicht?". Er: "Ich sehe es nicht.". Was macht man da?

Ich kaufe ein, und ich rate Dir, auch **ein paar Dinge anzuschaffen**, ganz gleich, ob Du mir nun glaubst oder nicht. TU ES EINFACH!

Ich bin kein Prepper oder eine, die den Weltuntergang prophezeit. Ich sehe Bilder, die mich ängstigen, die mich jede Nacht und jeden Tag plagen, sobald ich nur aus dem Fenster schaue.

Ich habe mir zugelegt:

einen Wasserfilter, der auch Viren filtert,

einen Schlafsack,

eine Isomatte,

einen HOBO-Kocher,

Feuerstahl,

Kochtopf für offenes Feuer,

Zahnbürsten,

Lebensmittel wie Haferflocken, Nudeln aus Hartweizengries, Kartoffelbrei in Tüten, Reis.

Trockenes - so Irlmaier - soll haltbar sein.

Was kann man noch tun?

Sich auf eine lange Zeit ohne Strom einrichten.

Damenbinden und Klopapier aus Stoff.

Seife.

Ich habe Bücher und lese. Was machst DU? Liest Du auch nach?

Stephan Berndt hat sehr sorgfältig recherchierte Bücher geschrieben, und ich muss sagen, ich bin begeistert. Und wenn Du nur im Internet recherchierst...

Ich hab Dich lieb! Ich weiß nicht, wie ich mit all dem umgehen soll...

Meine Oma hat einen Krieg erlebt, mein Opa auch. Das hat sie geprägt für ihr Leben. Sie hatten immer eine **feuerfeste Geldkassette** im Schlafzimmerschrank stehen und **alle wichtigen Dokumente darinnen. Geld, Ausweise.**

Sie waren vorbereitet, auch dann noch, als der Krieg vorüber war.

Die Vorratskammer war gefüllt. Sie wussten noch, wie man einkocht, was man geerntet hat. Was weiß ich darüber? Was wissen WIR alle darüber?

Wir sind alle dermaßen abhängig geworden von dem Essen im Supermarkt, da wir leben wie im Schlaraffenland. Es gibt immer alles, zu jeder Zeit! Das ist aber nicht "normal"! Das macht uns anfällig bei kleinen Krisen...

Letztens - wie war das noch? Kein Toilettenpapier mehr und keine Nudeln in den Regalen. Verrückt! Wir waren alle zutiefst erstaunt... Doch eines ist klar: wir sind komplett abhängig vom Stromnetz, von einem vollen, gut bestückten Supermarkt und von den Geldautomaten, die nur dann funktionieren, wenn wir Strom haben.

Wer bekommt sein Geld heute noch in bar ausgezahlt? Keiner. Es liegt "imaginär" auf der

Bank. Auch hier gilt: "Nur Bares ist Wahres".
Heb Geld ab. Kauf Silber und Gold oder tausche einen Teil Deines Geldes in goldgedeckte Währungen. Du lächelst jetzt vielleicht... Ja, das hört sich alles total verrückt an, aber ich denke, das ist es nicht. Beschäftige Dich mit diesen Dingen. Wir haben Internet! Wir können alles zu jeder Zeit recherchieren und kaufen. Wir können uns vorbereiten und müssten dafür noch nicht einmal aus dem Haus. Wir haben den Luxus - wie auch die Gefahr - einer allseits informierten Gesellschaft. Nutzen wir diesen "Luxus" um weiter zu schauen in unseren Recherchen!

Prophezeiungen haben sich stets erfüllt - unabhängig vom "Glauben oder Nicht-Glauben" der Menschen. Menschen sind sehr auf ihren kleinen Fokus konzentriert, auf ihren ganz eigenen, kleinen Fokus:

"Ich muss die Prüfung schaffen...".

"Morgen muss ich zum Zahnarzt.".

"Nächste Woche wollten wir eigentlich in den Urlaub fahren, aber jetzt ist das Auto kaputt gegangen... Wir müssen es noch schnell in die Werkstatt bringen!".

Merkst Du, was ich meine? Wir haben einen FOKUS, und sollte uns jemand von einer potentiellen Gefahr - wie eben von dieser Prophezeiung eines 3. Weltkrieges - erzählen, dann rollen wir uns zumeist ein wie ein Igel, der die Stacheln nach außen kehrt und warten ab, bis der "böse Informant" sich wieder seiner Wege getrollt hat - in echt oder am Telefon.

Ich will kein "böser Informant" sein. Ich wollte warnen: mit meinem Büchlein im letzten Jahr und bis heute und jetzt mündlich im Freundes- und Bekanntenkreis.

Ich möchte herausfinden, WO ich den gelben Staub nicht mehr fallen sehe, um eine Information geben zu können, die HILFT. Aber wirklich HELFEN kann sie nur, wenn sie denn... geglaubt würde. Und das geschieht nicht - nicht in meinem Umfeld.

Meine Fähigkeiten sind gerade mein Fluch. Noch nie habe ich unter verstärkten Wahrnehmungen gelitten wie jetzt. Es macht mich traurig und bestürzt, dass Menschen - verzeih den Ausdruck - so "ignorant" ihrer Wege gehen, besonders DIE, die mich und meine Fähigkeiten gut kennen. Sie schotten sich förmlich ab. Die ANGST wird wohl ihr Ratgeber sein. Man beschäftigt sich nicht gern mit Dingen, die ANGST MACHEN. Man vermeidet, was einen aus der ganz persönlichen Komfortzone herausholen könnte. Da ist es doch besser, man lädt sich noch einen Film herunter, macht sich ein kühles Bierchen auf und steckt den Kopf - im übertragenen Sinne - in den berühmten Sand. Da lässt es sich doch aushalten... - so ganz ohne ernsthafte Sorgen. Wer will schon was von Krieg hören, und auch noch, wenn dieser tatsächlich IN DIESEM JAHR losgehen soll? KEINER!!!

Das ist die Wahrheit.

So, und nun sag mir, was ich anfangen soll mit der Information, **es gäbe in diesem Jahr eine Hungersnot**. Wir haben Juni. Weit und breit jede Menge zu essen. Wer soll mir glauben?

Maismehl, MASA HARINA.

Joghurt-Pulver und einen stromlosen Joghurt-Maker.

Violettes Licht fürs Wasser.

Diese Dinge wurden mir im letzten Jahr genannt, man solle sie sich anschaffen, damit man die Zeit der Hungersnot einigermaßen überleben würde. Wer glaubt mir?

Ich habe Maismehl gekauft, aber auch ich habe noch nicht ausprobiert, wie man aus diesem Maismehl, Wasser, Öl und Salz Fladen bäckt, und auch das noch OHNE STROM.

Wir wissen nichts mehr rund um unsere Heilpflanzen. Wir wissen nicht, wie man ohne Supermarkt und Apotheke überlebt...

Indirekt hat mich mein Leben auf genau diese Dinge vorbereitet: ich weiß, **wie man draußen**

einen Unterschlupf baut, ich weiß, **wie man Feuer macht**. Habe es oft genug praktiziert als "Natur-Frau", die gern unter freiem Himmel schläft. Ich weiß, **wie man Wasser** auch **ohne Wasserfilter** aus dem Geschäft **filtert**, wo man es herbekommt, **wie man Wasser überhaupt findet**...

Wer weiß das noch?

Wer kennt den Giersch? Wer kennt Brennnessel, Löwenzahn, Goldrute und Gänseblümchen? Ja, Gänseblümchen kennen viele, doch wissen sie auch, dass man sie essen kann? Wie sieht`s aus mit Spitzwegerich? Wofür und wogegen helfen all diese so weit verbreiteten Pflanzen? Was kann man aus ihnen zubereiten, wenn man nichts mehr zu essen hat?

Google mal:

Brennnessel-Spinat

Brennnessel-Suppe

Brennnessel-Pesto

Giersch-Pesto

Giersch als Gemüse

Spitzwegerich als Hilfe bei Stichen und gegen Husten

Löwenzahn zur Entgiftung und als Vitaminbombe

Goldrute als Tee bei seelischen Erschütterungen und Traumata...

Nicht ohne Grund wachsen Brennnessel, Giersch und Goldrute besonders und immer auch in Kriegszeiten. Die passenden Pflanzen für das entsprechende Geschehen...

———————

Ich muss einen Break machen. Ich bin müde...

Ich bin NICHT müde, zu raten und zu helfen.

Ich bin müde, dass Menschen die **Vorzeichen** ignorieren und über alle hinwegsehen.

Der warme Januar...

Der eiskalte Februar...

Der zeitige, schöne Frühling...

Das Aufflammen eines Krieges im Nahen Osten zur Zeit der Kirschblüte in Deutschland : ISRAEL!

Die Schiffe, die sich im Mittelmeer zurück stauten, als der Suezkanal (von einem quer liegenden Schiff) verstopft war...

All das wird aufgezählt.

Kann man das ignorieren?

Die **Inflation**, die jetzt die Holzpreise auf das Vierfache schon teilweise hat ansteigen lassen...

Die Menschen, die **"revolutionär" auf die Straßen gehen - auf der ganzen Welt.** Auch das wurde vorausgesagt.

Ich bitte Dich, glaube mir oder glaube mir nicht, aber: handle! Bereite Dich vor!

Nimm Deine Möglichkeiten wahr und mach etwas!

Ich habe Dich lieb! Ich möchte die Menschen, die ich liebe, nicht verlieren...

Keiner möchte als "Spinner" bezeichnet werden, auch ich nicht. Und doch gehe ich dieses Risiko wiederholt ein, denn: ich liebe Dich und alle meine Lieben um mich herum. Ich möchte, dass es allen gut gehen möge...

Ich bedanke mich bei Dir für Deine Aufmerksamkeit, denn ich kann mich nicht erinnern, in den letzten Jahren solch einen langen Brief geschrieben zu haben. Ich bedanke mich bei Dir, dass Du mich NICHT für verrückt erklärst, denn ich weiß, dass Du das nicht machst. Aber ich bitte Dich inständig, **nimm das Thema ernst.**

Solch ein "Event", einen Krieg, wie ihn Irlmaier sah, wie ihn viele andere sahen und wie ich ihn sehe, kennen wir alle nicht. Niemand ist auf so etwas vorbereitet - kein bisschen. Und da die "Prepper-Szene" immer ein bisschen belächelt wird... (so nach dem Motto: "Na, welchen Weltuntergang gibt es denn morgen wieder?"), finde auch ich diese Vorbereitungen seltsam und eigenartig, aber: mein Bauchgefühl zieht mich dahin, es zu tun. Tu es auch!

In Liebe, Deine Tayala.

PS: Gestern morgen, als ich erwachte, vernahm ich ganz deutlich: "Der Krieg ist nicht vakant, er WIRD KOMMEN!". Ich habe Angst, obwohl ich sonst nicht so leicht ins Bockshorn zu jagen bin, aber es klang wie eine unumstößliche Gewissheit...

Dresden, den 28. Mai 2021

18. Juni 2021

"In Trance..."

Liebe Sara,

ich habe etwas erlebt, von dem ich dir berichten möchte...

Am Dienstag war ich beim Zahnarzt. Meine Wunde im Kiefer vom Zahnziehen letzte Woche hatte sich entzündet. Mir wurde ein Betäubungsmittel gespritzt, und dann wurde die Wunde ausgekratzt. Man gab etwas in diese nun offene Stelle hinein, das desinfizieren und gegen Keime schützen sollte.

Wie du ja weißt, bin ich sehr empfindlich auf chemische Mittel, und nun setzte "eine volle Dröhnung ein": massive Muskelschwäche begleitet von einem tranceähnlichen Zustand. Lange konnte ich mich kaum noch bewegen, geschweige denn mich erheben. In diesem "Delirium" befand ich mich viele Stunden, auch dann noch, als ich es mit viel Hilfe von außen geschafft hatte, mich in mein Bett zu legen. Dann hatte ich einen Traum, aber es war nicht so ein Traum wie andere Träume, es war ein ganz klarer, deutlicher Traum, der mir etwas sagen wollte. Er hatte eine eindeutige Botschaft!

...ich packe meinen Koffer. Freunde in Dresden binden ihn außen an das Garagentor, weil es unglaublich stürmt. Ich will den Koffer unbedingt bei ihnen verwahrt wissen, sollte ich plötzlich abreisen müssen. Ich weiß, dort ist er gut aufgehoben.

Ich gehe mit meiner Freundin ein paar Schritte spazieren. Es ist eine laue Sommernacht. Sie trägt kurze Hosen und ein T-Shirt, ich trage meinen langen Reitermantel. Wir gehen in der Stille der Nacht ein paar Schritte auf eine große Stadt zu... Ist es Dresden? Keine Ahnung... Wir befinden uns auf einem Gelände mit alten Werkshallen, die alle leer stehen. Zwei breite und lange, parallel verlaufende Wege ziehen sich durch dieses Grundstück. Wir laufen auf dem linken Weg und schauen in die Sterne. Es ist alles so friedlich. Auf einmal sehen wir einen Hubschrauber auf uns zufliegen - nicht sehr hoch und relativ nah über unseren Köpfen. Ich frage: "Fliegen die jetzt wieder?" und beziehe mich damit auf die Zeit der Corona-Krise, die uns einen recht flugarmen Himmel beschert hat. Meine Freundin sagt: "Ja, die fliegen jetzt wieder.".

Da sehe ich, wie noch ein Hubschrauber über dem anderen großen Weg in die gleiche Richtung fliegt - wie der Hubschrauber eben, nur, dass er eben ein paar Meter weiter rechts fliegt. Plötzlich zieht der Pilot den Hubschrauber unerwartet nach oben, er bleibt in der Luft stehen und stürzt hinab auf den Boden.

Entsetzt schaue ich auf den herabgestürzten Hubschrauber und renne sofort los, um den Insassen zu helfen. Mit einem gewaltigen Knall explodiert der Helikopter, und ich ducke mich schnell hinter eine Steinwand und halte die

Arme schützend über meinen Kopf, den ich umgehend vornüber beuge und mich - aus einem Reflex heraus - klein mache. Als ich aufschaue, bin ich geschockt. "Jetzt sind sie alle tot..." denke ich. Mit "alle" meine ich die beiden Männer im Hubschrauber und den Piloten. Irgendwie wusste ich plötzlich, dass zwei Männer drinnen gesessen haben, die eine hohe Position inne hatten. Politiker... könnten es gewesen sein.

Ich will mich gerade umdrehen und gehen (denn hier kann ich jetzt nichts mehr machen), da sehe ich aus dem Augenwinkel, dass die Flammen überspringen auf Ölfässer, die nebenan stehen. Viele, viele riesige Öltanks sehe ich, und da wird mir bewusst, dass das hier eine alte Raffinerie ist.

Ich sehe die Funken springen wie in Zeitlupe und brülle zu meiner Freundin, die immer noch dort steht, wo sie vor dem Hubschrauberabsturz stand: "LAUF!" und rase los in DIE Richtung, aus der wir gekommen sind.

ALLES hinter mir fliegt in die Luft, wirklich

ALLES! Wohin ich auch schaue, der ganze Horizont hinter mir ist ein einziges Flammenmeer!

Ich rase nach Hause, außerhalb schläft mein Hund. Ich schnappe ihn mir, renne in mein brennendes Haus, weil noch Leute darinnen sind, die ihr Hab und Gut in Eile zusammensuchen. Ich springe durch den in Flammen stehenden Eingang und bekomme keine Luft, weil dort so viel Rauch ist. Ich krümme mich vor Husten. Ein Mann ruft mir zu: "Mach dir einen Lappen vor die Nase!". Ich reiße ein Stück Stoff aus meiner Kleidung und halte mir den Lappen vor Mund und Nase. Ich muss in meine Wohnung und meinen Koffer holen...

Die Unlogik im Traum holt uns ein, denn ich hatte meinen Koffer ja eben erst in Dresden bei Freunden ans Garagentor gebunden... Haha! Naja, Traum ist halt Traum... Nun suche ich ihn daheim. Ich schnappe mir einige Gold- und Silberbarren im Miniformat, die ich in einem meiner Schränke versteckt hatte, und dann sehe ich meinen Koffer, in dem ALL DAS ist, was mir ein Überleben in dieser Situation sichern kann. OHNE diesen Koffer, so weiß ich, kann ich nicht überleben. Es ist seltsamerweise der alte, hellbraune Lederkoffer meiner verstorbenen Eltern. Da sehe ich, wie ein Ehepaar mit meinem gestohlenen Koffer durch die Kontrolle am Flughafen will, um das Land noch schnell zu verlassen. Alle Menschen laufen in Lumpen herum, alles brennt, alle weinen. Ich MUSS diesen, meinen Koffer wiederbekommen! Ein Bekannter kontrolliert die beiden vor dem Abflug. ich rufe ihm zu: "Lass sie nicht durch, das ist MEIN KOFFER!". Da ist es schon zu spät, sie sind durch die Kontrolle. Er sagt: "Zu spät. Hier darfst du nicht mehr durch.". Ich aber weiß, dass dieser Koffer mein Überleben sichern wird, also MUSS ich hier durch. Ich überspringe die Schranke und renne los, er hinter mir her. Die Frau flüchtet schneller mit dem gestohlenen Gepäck, der Mann setzt sich seitwärts ab, ihm ist mulmig bei dieser Angelegenheit. Schließlich entreiße ich ihr mein Köfferchen und renne genauso schnell wieder zurück, denn ich weiß nur eines ganz sicher in diesem Moment: ich muss das Land JETZT SOFORT verlassen, sonst gehe ich unter. Ich renne zu einem Helikopter, der mein Sitzpolster vom Gartenstuhl auf dem Sitz liegen hat und weiß: dort ist alles für mich "gepolstert", alles ist sicher. Und kurz bevor ich ihn erreiche (und ich weiß in meinem Traum ganz genau, dass ich ihn sicheren Fußes erreichen werde und heil hier wegkomme), denke ich mit einem an absolute Gewissheit grenzenden Gefühl, dass das Silber und das Gold in meiner Tasche mir ein Überleben in der Fremde sichern werden...

Hier, liebe Sara, endet mein Traum.

Ich habe alles nur sehr langsam gedacht... Mein Gehirn hat geschlafen unter diesem "Drogeneinfluss" von Lokalanästhetikum und Entzündungshemmer. Offensichtlich keine gute Mischung für mich. Aber ich sah die Dinge KLAR UND DEUTLICH.

Und ich hörte: Vor dem 17.7. geschieht nichts. Tröstlich! Da Irlmaier schrieb, dass der Krieg in der Nacht an einem Freitag losgehen soll, schaute ich in den Kalender. Der 17. Juli ist ein Samstag!

Was soll ich davon halten?

Für mich fühlt sich das an wie folgt:

erst ist Frieden, eine laue Sommernacht, schöne Gespräche. Plötzlich explodiert alles und brennt. Alle flüchten. Alles ist anders - von jetzt auf gleich. Keine Vorankündigung, keine Vorwarnung, dass es passieren könnte. Es geschieht einfach. Und ab sofort rennst du um dein Leben...

Sara, ich fühle, dass dieser "TRAUM IN TRANCE" - wie ich ihn nennen möchte - eine Botschaft an mich / an uns ist. Nehmen wir ihn ernst? Ich nehme ihn ernst. Ich packe...

Herzlichst Tayala.

Dresden, den 18. Juni 2021

25. Juni 2021

Mut & Zuversicht behalten

Liebe Sara,

diese WhatsApp-Nachricht erreichte mich von einer anderen Freundin, Katrin:

" *Hallo Tayala!*

Du bereitest dich vor auf etwas, was man nicht greifen kann. Ich kann mir einfach nicht vorstellen, dass es Krieg geben wird. Mich überfordert dieser Gedanke. Vielleicht sollte ich einfach ein paar Lebensmittel kaufen und mich verschanzen in meinem Haus. Ich lass die Jalousien runter und warte, bis der Krieg vorbei ist. Alles andere macht doch eh keinen Sinn. Ich hab den Russen doch nichts getan, warum sollten sie mir etwas tun?".

Meine Antwort:

"Krieg bedeutet Tod und nochmals Tod. Schau dir mal den Film an: "Die Flucht". Da denken die beiden Frauen genauso: "Die Russen sind auch nur Menschen, wenn der Krieg vorbei ist." - so ihre Aussage. Und dann geschieht, was geschieht. Krieg bedeutet Gewalt und Tod. Packe, wenn du packen kannst. Geh auf Nummer sicher, falls die Visionen stimmen! Tayala".

Kennst du den Film **"Die Flucht"**? Es ist WAHRE, deutsche Geschichte! Schau ihn dir an!

Dein letzter Brief klang traurig und mutlos. Wie kann ich dich ermutigen und erheitern bei solch einem ernsten Thema? Ich denke, seinen Mut und seine Zuversicht zu behalten - trotz Prophezeiungen und düsterer Ansagen aus verschiedenen Mündern: das ist eine Kunst.

Halten wir es doch mit Martin Luther:

"Wenn ich wüsste, dass morgen die Welt unterginge, würde ich heute noch ein Apfelbäumchen pflanzen...". :-)

Tja, die Zuversicht... Sie ist eine wankelmütige Begleiterin - mal klappt es mit ihr, mal nicht. Aber nicht verzagen: praktisch im Hier und Jetzt leben UND Vorbereitungen treffen - das sollte unser aller Ziel sein, denn: NUR den Prophezeiungen zu folgen und jegliche praktische Erfordernisse im Alltag zu ignorieren, bringt uns nirgendwohin - allerhöchstens in den seelischen Burnout. Und den können wir zu Kriegszeiten so gar nicht gebrauchen... ;-) Da braucht man gute Nerven und einen klaren Kopf. Erde dich. Tu dir Gutes. Die meisten meiner Freundinnen und Freunde glauben zum großen Teil nicht an die Prophezeiung. Ich tue es, weil ich es selbst sehe. Und eines ist erstaunlich: bisher sah ich nur Bilder, doch jetzt, jetzt höre ich auch noch die Bomben einschlagen. Werde ich gerade verrückt...? Nein, ich habe besondere

Fähigkeiten, und ich muss ihre Last im Moment etwas bewusster tragen, denn sonst wird sie zu schwer für mich. Mögen sich die besten Dinge ereignen, die uns davon abhalten, in die Angst und Verzweiflung zu gehen. Mögen wir ABSICHTLICH zuversichtlich denken und handeln, aber auch umsichtig! Und mögen wir uns nicht verunsichern lassen durch Menschen, die an nichts und niemanden glauben und uns lächerlich machen wollen, dass wir an etwas glauben, das – ihrer Meinung nach - sowieso nicht passieren wird...

Wenn es so wäre, super! Dann freuen wir uns über Lebensmittel sowie Flaschenwasser im Schrank und essen und trinken nach und nach alles auf - vielleicht bei einem netten, gemeinsamen Campingurlaub, bei dem wir unsere Notgepäck-Ausrüstung dann mal so richtig auf Herz und Nieren testen können - ganz in Sicherheit und friedlichem Ambiente... Und sollte er doch kommen, der Krieg, - ganz plötzlich! -, dann wissen wir, dass wir vorbereitet sind, so gut es eben geht!

Viele meiner Bekannten haben mich gefragt, wie ICH mich vorbereite. Du weißt, ich bin KEIN Prepper und ich bin auch KEIN Survival-Spezialist. Ich beschäftige mich seit mehreren Jahrzehnten mit einer Nuance an Wildnis-Wissen, weil ich viel draußen bin... Das ist mein Wissen, mit dem ich punkten kann - auch und gerade jetzt.

Empfehlen würde ich dir in jedem Fall die hochoffizielle Seite:

www.bbk.bund.de

Das ist das Bundesamt für Bevölkerungsschutz und Katastrophenhilfe.

Wikipedia sagt über den Katastrophenschutz:

"Katastrophenschutz sind die Maßnahmen, die getroffen werden, um Leben, Gesundheit oder die Umwelt in oder vor der Entstehung einer Katastrophe zu schützen.".

VOR der Katastrophe sollte man beginnen, sich zu schützen, und zwar, indem man sich vorbereitet. Auf oben genannter Website gehst du auf **"Vorsorge und Selbsthilfe"** , und dann lies dir das mal in Ruhe durch. Die Bundesregierung höchst daselbst empfiehlt, sich einen Nahrungs- und Wasservorrat für mindestens 3 Wochen anzuschaffen und ihn zu pflegen. Wir sind das heute nicht mehr gewöhnt: Nahrungsmittel einlagern. Wozu? Es gibt doch alles! Naja, für den Fall, dass es eben nicht mehr alles gibt - jetzt, gleich, plötzlich. KANN passieren. Muss nicht.

Vorbereitet sein ist alles! Und für den Fall, dass Irlmaier mit seinen Visionen Recht hatte, bitte auch noch einen Fluchtrucksack packen und südlich der Donau und westlich des Rheins dein Heil suchen...!

Ich drück dich und wünsch uns allen das Beste... Melde mich, wenn ich mehr weiß.

Deine Tayala.

Dresden, den 25. Juni 2021

15. Juli 2021

Der gelbe Todesstaub...

Liebe Sara!

Ich war ein paar Tage im Erzgebirge... Der Wald ist eine Oase - mit seinen Vögeln, die zwitschern, mit seinen Bächlein, die plätschern. Ich legte mich zur Ruhe und sah in die Sterne. Plötzlich pfiff es und: Einschlag. Wieder: pfeifen und Einschlag. Ich hörte Bomben fallen! Erst dieses pfeifende Geräusch und dann der Rumms. Wie ich dir letztens schon mitteilte: jetzt HÖRE ich es auch noch! Verdichtet sich die Gefahr?

Seit ich in Dresden wohne, sehe ich in dichten Schwaden den gelben Staub fallen... Er soll - laut Irlmaier - von "Flugzeugen ohne Männer" abgeworfen werden, und es wären derer 10.000 oder mehr... Drohnen?! Ich sehe den gelben Staub seit Herbst letztes Jahres in

Dresden dicht fallen, **sehe ihn auf der gesamten Strecke nach Chemnitz und im gesamten Umland.** Weiter bin ich leider noch nicht gefahren in den letzten Monaten. Vielleicht könnte man mit einer kleinen Reise den "gelben Staub", das Gift, das töten soll, um den Nachschub der russischen Soldaten abzuschneiden, lokal eingrenzen. Mir ist aber im Moment die Möglichkeit genommen, das zu tun. Deshalb nur diese Basis-Info an dich. Ich weiß, du kennst niemanden in dem Areal zwischen Dresden und Chemnitz, aber ich sehr wohl. Doch keiner hört mir zu. Es hat sich nicht geändert...

Gestern Abend saß ich am Lagerfeuerchen und erzählte einem Bekannten, was ich sehe... Er meinte: die Menschen können es nicht verstehen, weil sie nicht meine Wahrnehmung haben, weil sie nicht sehen, was ICH sehe... Es wäre also eine reine Glaubensfrage, und wieso sollte mir jemand glauben, der mich nicht kennt? Aber auch die, welche mich kennen, glauben es nicht oder WOLLEN es nicht glauben. Ich habe wiederholt verstanden: ich kann nichts tun. Ich kann keinen warnen, der nicht gewarnt werden will...

Ich bereite mich vor. Darüber habe ich mit einer Bekannten aus Dresden gesprochen und sie wollte wissen, WIE ich mich vorbereite. Sollte dich das auch interessieren, dann schreibe ich darüber im nächsten Brief.

Der gelbe Staub ist tödlich, sagt Irlmaier! Er tötet sofort und verseucht über EIN Jahr die gesamte Gegend, wo er fällt. Die Menschen, die in Dresden und Chemnitz leben, denen ich sage, sie sollen sich rüsten für eine mögliche Flucht, bereiten sich DAHEIM vor auf mögliche Kriegswirren. Das brauchen sie aber gar nicht zu tun. Ich sehe den Staub dicht fallen - und das überdeutlich! Ich sehe ihn in Freiberg, ich sehe ihn in Chemnitz, wenngleich er in Richtung Westen in der Dichte abzunehmen scheint... Aber: Gift ist Gift. Wo es fällt, ist kein Leben mehr.

Wieso ich immer noch hier bin? Ich komme gerade nicht weg, und ich denke, das hat - wie immer - triftige Gründe. Ich verlasse mich auf meine Intuition und die "rechte Fügung zur rechten Zeit".

Wenn ich vorbereitet bin, schenkt mir das innere Ruhe und Hoffnung. Mehr kann ich dazu im Moment nicht sagen...

Ich umarme dich und wünsche, dass auch du JETZT gleich noch Dinge anschaffst, die wesentlich sein könnten!

Hast du Interesse an einer Liste? Dann sende ich sie dir gerne zu!

Deine Tayala.

Dresden, 15. Juli 2021

16. Juli 2021

Vorbereitung: Fluchtrucksack & Vorräte

Du hast schnell geantwortet, liebe Sara... Dieses Mal ja auch möglich, da per Mail gesendet.

Ja, ich kann dir gerne einige Dinge notieren, die ich persönlich für wichtig halte unter all den Informationen, die ich verarbeiten konnte rund um dieses Thema "Krieg" und "3-tägige Finsternis". OB die Dinge wirklich nützlich und sinnvoll sind, musst du am Ende für dich entscheiden. Ich habe lange abgewogen und ausprobiert, und das ist das Ergebnis:

1. Wasserfilter & UV-Wasserentkeimer

Ohne Wasser kein Leben. *"Alle offenen Wasser werden giftig."* sagt Irlmaier. Violettes Licht (Folie oder UV-Wasserentkeimer) sowie ein **Wasserfilter, der auch VIREN filtern kann,** sind unerlässlich. Solltest du dich für einen **UV-Wasserentkeimer** mit Batteriebetrieb entscheiden, dann denke auch an die Ersatz-Batterien! Wäre er mit einem USB-Kabel aufzuladen, dann eine Powerbank mit Solarpanel und Anschlusskabel besorgen und vollladen (auch super fürs Handy)!

Wichtig: die Filterzeit des Wassers sollte NICHT allzu lange sein. Solch einen zeitlichen Luxus kann man sich in Krisenzeiten nicht erlauben. Wasser filtern, abfüllen und weiterziehen. Achte darauf!

Fast alle Schwerkraftwasserfilter, die keine Körperkraft zum Filtern benötigen, brauchen recht lange... Der Vorteil ist der: solltest du verletzt sein, kannst du ihn dennoch nutzen. Aber: er MUSS das Wasser zügig filtern können, um eine gewisse Menge an trinkbarem Wasser zu gewährleisten - auch für deine Familie: zum Kochen und zum Trinken!

2. Schlafsack & Biwaksack

Du musst warm, trocken und geborgen schlafen können. Im Sommer tut es ein leichter Schlafsack, im Spätherbst, wenn der Strom ausfällt und es sehr kalt sein soll, nicht. Was kann ich da raten? Wenn man sich in einem "sicheren Gebiet" befindet, wo der Krieg nicht toben soll, würde ich zu einem Winterschlafsack raten, denn sonst hast du ja deine normalen Bettdecken. Solltest du aber fliehen müssen, wären zwei verschiedene Schlafsäcke zwar sinnvoll, aber nur schwer zu transportieren. Deshalb raten ich dir zu einem **sehr warmen Schlafsack** für die kalten Tage (keine Daunen, die trocknen nicht mehr an der Luft, wenn sie erstmal feucht geworden sind) und zu einem **Poncho-Liner,** einer dünnen Steppdecke, die man in einen Bundeswehr-Regenponcho einknöpfen kann, um diese Kombination dann als leichte Decke für die Nacht zu nutzen. Ist vom Gewicht her leicht und auch leicht transportabel.

Ein Biwaksack rundet die Sache ab: er schützt

gegen Feuchtigkeit! Solltest du keine Überdachung haben, wird wenigstens dein Schlafsack nicht nass!

3. Regenponcho & Abspannleinen

Wähle am besten einen Poncho, der bei der Bundeswehr genutzt wird: **mit Ösen** zum Abspannen als Notlager. Man zieht die Kapuze einfach ganz zu, spannt den Poncho ab und kann darunter einigermaßen geschützt übernachten. Beim Laufen bei Regenwetter anziehen, geht auch MIT Rucksack. Und eben mit einem Poncho-Liner als Steppdecke zu verwenden, die auch Tau abhält. **Abspannleinen / Schnur nicht vergessen!**

4. HOBO-Kocher

Einen kleinen Holzvergaserofen (HOBO-Kocher) sollte man zwingend im Gepäck oder daheim haben. Solche kleinen Öfen bekommt man für wenig Geld (ab ca. 20 Euro) im Internet, und man kann zwischen verschiedenen Modellen wählen. Ich habe mehrere ausprobiert und weiß, dass die kleinen runden zwar winddicht sind, aber schwer zu befeuern, weil die Öffnung, in die man die Zweige einwirft, sehr klein ist. Man kann ausschließlich ganz kurze und dünne Ästchen einwerfen, und somit braucht man IMMER jemanden NUR zum Befeuern des Ofens. Denn: wenn man sich einmal rumdreht, um Wasser auszuschenken oder etwas anderes zu erledigen, kann es passieren, dass das Feuer einfach wieder ausgeht. Und wer erstmal weiß, wie schwer es ist, ein Feuer OHNE herkömmliche Feueranzünder zu entfachen, der weiß, dass man das Feuer unbedingt am Leben halten muss, solange man es braucht.

Die eckigen HOBO-Kocher, die ETWAS größer, faltbar und mit einem viereckigen Grillrost ausgestattet sind, halte ich persönlich für die bessere Wahl. Man kann durch einen Ofenmund vorn befeuern und hat auch die Möglichkeit, dickere Äste zu nutzen. So brennt das Feuer länger.

5. Feuerstahl & Sturmfeuerzeug

Einen Feuerstahl (oder mehrere) und Sturmfeuerzeuge - davon kann man nie genug haben. Feuer zu entfachen ist so dermaßen wichtig für uns, dass man in diesem Bereich nicht sparen, sondern sich wirklich einige Exemplare einpacken sollte.

Mit einem Sturmfeuerzeug kann man leicht ein Feuer entfachen. **Aber: die Nutzung und Handhabung eines Feuerstahls will geübt sein.** Ich empfehle das dringend, am besten an der Feuerstelle im eigenen Garten!

6. Zunder

Lege dir trockenen Zunder bereit. (In Wachs getränkte) Wattepads oder aufgedrieselte, angekratzte Tampons sind ein ganz wunderbarer Zunder. Dieser Zunder entscheidet darüber, ob du ein Feuer entzünden kannst. Nimm feuchtes Material - und die Sache ist gegessen.

7. Kochtopf mit Deckel & Besteck

Einen Topf mitnehmen, der auf den HOBO-Kocher passt und für Holzfeuer auch geeignet ist. Einen Deckel dabeizuhaben ist sinnvoll, damit man sein Essen oder das heiße Wasser vor herabfallenden Blättern und Insekten schützt.

Besteck kannst du von daheim nehmen oder aber von der Bundeswehr; das ist leicht und klein. Teller sind Luxus. Man kann zur Not aus dem Topf essen.

8. Gaskocher mit Gaskartuschen

Weniger für die Flucht geeignet, und wenn, dann nur im Kleinformat. Daheim ein wichtiges Utensil!

9. Unerwartet: Nagelfeile, Nagelschere und Pinzette

Ich habe gelacht, als eine Bekannte aus Dresden als erstes in ihren Fluchtrucksack eine

Nagelfeile, Nagelschere und eine Pinzette einpackte. Das soll wichtig sein? Ja, das ist es! Eingewachsene Fußnägel machen das Laufen zur Qual. Und wie bekommt man seine Fußnägel gekürzt, wenn nicht mit einer Nagelschere?

Eine Pinzette hilft, Splitter zu entfernen oder auch kleine Zecken, und eine Feile kann man auch noch mit einstecken. Schaden kann`s sicher nicht... ;-)

10. Rettungsdecke, olivgrün

Eine Rettungsdecke sollte man immer dabei haben. In olivgrün leuchtet sie nicht, was in Kriegszeiten von Vorteil sein wird. Man sollte da ja möglichst unentdeckt bleiben. **Signalfarben bei der Ausrüstung meiden!**

Rettungsdecken als Hilfe gegen Kälte oder gegen Hitze, als Überdachungsmöglichkeit bei Regen und als Reflektor fürs Lagerfeuer (Aluseite zur Feuerseite aufspannen). Dazu findet man Videos bei YouTube...

11. Messer am Gürtel

Ein funktionstüchtiges Outdoormesser am Gürtel ist nicht nur sinnvoll, es kann Leben retten. Wichtig: auf eine **scharfkantige Rückseite** achten, dann kann man auch den Feuerstahl damit bedienen... Wer einmal ein solches Messer an seiner Seite hatte in der freien Natur, der weiß, wozu es so alles gut ist. Das derzeitige Waffengesetz über das Führen von Waffen in Deutschland beinhaltet: Messerklingen ab einer Länge von 6 cm sind nicht erlaubt, sie mit sich zu führen. Lies nach! Im Kriegsfall ist sicher Vieles anders: Anarchie!

Bitte keine Klappmesser! Das kann nach hinten losgehen...

12. Weltempfänger mit Kurbel und Solar

Einfach ins Internet schauen und einkaufen. Noch gibt es ja alles... ;-)

Eine Lademöglichkeit fürs Handy für den Notfall sollte es an dem Weltempfänger auch geben; da kann man mit 5 Minuten kurbeln sein Handy notladen, solange das Funknetz noch funktioniert. Eine **Taschenlampe** sollte im Weltempfänger auch integriert sein.

13. Walkie Talkies

Kommunikation ist bei uns großgeschrieben. Ohne Handy - was machen wir dann? Man kann sich mehrere Walkie Talkies kaufen, sie mit Batterien ausstatten und Ersatzbatterien bereitlegen. Und: man sollte sie **unbedingt ausprobieren**! Ich hatte mal welche gekauft, die sollten **bis 10 km Reichweite** funktionieren, machten aber schon nach 200 Metern (!!) schlapp. Rücksendung erfolgte prompt.

Achte bitte auf **lizenzfreie PMR-Funkgeräte**.

14. Isomatte oder "Elefantenhaut"

Zur Isolation gegen die Bodenkälte brauchst du eine Isomatte, als Schutz allein gegen die Feuchtigkeit reicht auch eine bei der

Bundeswehr erhältliche "Elefantenhaut". Beides zusammen ist super, man benötigt aber recht viel "Raum", um es zu transportieren. Darauf verzichten würde ich dennoch nicht. Wer einmal eine Nacht auf nassem, kaltem Boden verbracht hat, weiß, wieso...

15. Erste-Hilfe-Set

Bereits zugeschnittene Pflaster in verschiedenen Größen in einer wasserdicht-verschließbaren Box sowie ein **kleines Erste-Hilfe-Set** sind wichtig. Noch **eine kleine Flasche klaren Schnaps** dazulegen - **zum DESINFIZIEREN.**

16. Warmes Essen nur mit heißem Wasser?

Wichtig ist: Essen machen können OHNE zu kochen - das dürfte in den ersten Wochen des Krieges nicht nur von Bedeutung sein, es kann dein Leben retten! Riecht irgendjemand, dass du Essen kochst, hast du ein Problem, dich der hungernden Mäuler zu erwehren. Irlmaier hat gesagt: man solle die Leute erschießen, die einen berauben wollen. Das ist sooo krass! Doch der Hunger macht viel mit den Menschen... Also: was musst du nicht kochen, was man aber warm essen kann?

- **Gefriergetrocknete Trekkingnahrung:** mit heißem Wasser aufgegießen, umrühren, quellen lassen, fertig. Sie ist aber relativ teuer in der Anschaffung

Was kann man noch in der Not nur mit HEISSEM WASSER übergießen und warm genießen, um seinen Hunger und sein Bedürfnis nach warmer Nahrung zu stillen?

- **Glasnudeln**

- **Haferflocken! mit Leinsamen und etwas Salz und Zucker**

- **Kartoffelpüree aus dem Beutel**

EINMAL am Tag heißes Wasser machen auf dem Kocher, es in unzerbrechliche Thermoskannen abfüllen und mitnehmen. Unbezahlbar! Davon trinken oder Essen machen.

17. Landkarte & Kompass

Früher sind wir losgezogen mit Karte und Kompass - weißt du noch? Heute liest du alles im Handy. Wehe uns, wenn es mal ausfällt, das Funknetz. Dann sind wir alle hilflos...

Eine Landkarte und einen Kompass bereitzulegen, dürfte wichtig sein. Übe den Umgang mit dem Kompass, damit du weißt, wie man eine Karte einnordet...

18. Trinkwasserflasche oder Trinkschlauch "Bota"

Bitte eine unzerbrechliche Trinkwasserflasche oder eine Bota, aus der man alle trinken lassen kann, OHNE sie an den Mund zu führen. Unter den Gauchos ist das üblich... Ich finde es sehr hygienisch - vor allem in Krisenzeiten!

19. Kleines Moskitonetz

"Eine Nacht ohne Schlaf, und du bist nur noch ein halber Mensch...". Diesen Ausspruch kennst du sicher, und Mücken können ihn wahr werden lassen... - mit Leichtigkeit! Die kleinen Stechmücken lassen dich kein Auge zumachen, und der Juckreiz danach - den braucht auch keiner! Ein kleines Moskitonetz betrachte ich deshalb nicht als Luxus, sondern als Teil der Grundausstattung! Bitte auch hier wieder auf gedeckte Farben achten und kein weißes Netz wählen... Es leuchtet weithin!

DAS wäre die absolute **Notausrüstung**.

Was du brauchst, ist leicht zusammengefasst:

du brauchst...

...eine **trockene, warme und mückenfreie Schlafmöglichkeit**,

...eine **Möglichkeit, ein Feuer zu entzünden**,

...eine **Kochmöglichkeit** (Topf, Besteck)und das Wasser und Essen dazu,

...und einen Grundstock an **Hygieneartikeln**: Zahnbürste, etwas Seife, Mikrofaserlappen zum Waschen und Abtrocknen gleichermaßen (ist klein, nimmt wenig Platz weg, trocknet schnell, aber bitte nicht übers Feuer hängen!). (Man kann sich in Ermangelung von Seife und Shampoo mit Sand oder Kies abreiben im Fluss, das reinigt die Haut auch. Erde tut es auch, wenn man sich hinterher abspülen kann.)

Eine Zeltplane oder ein kleines Zelt mit Abspannleinen und Heringen sind übrigens auch super, aber eben wieder mehr Gepäck!

Das klingt noch alles nach Camping...

Nun, und jetzt kommt das, was NICHT mehr nach Camping klingt: du brauchst etwas, **um dich und deine Lieben zu verteidigen.**

Ich werfe mit Steinen aus einer **einfachen Kinder-Zwille** nach Baumstämmen, und mein Hund ist ganz verrückt danach... Er springt und sucht die Steinchen, die er nicht finden kann. Aber er hört und hört nicht auf.

Eine **Zwille MIT ARMSTÜTZE gilt als zielsichere und sehr gefährliche Waffe**. Zwillen mit Handgelenkstützen und Armstützen sind in Deutschland **laut Waffengesetz verboten**. Man darf Zwillen nur auf eigenem Grund und Boden nutzen. Aber selbst die einfache Zwille ist eine effektive Selbstverteidigungsmöglichkeit gegen Mitbürger, die dir ans Leder wollen. Die Distanz wird gewahrt, denn alles, was sich in dem Umkreis deines Körpers abspielt, ist gefährlicher für dich, als sich auf Distanz zu wehren.

Du kannst sicher keinem ausgebildeten Soldaten damit beikommen, die dich töten können mit nur einem einzigen Schuss. Ich spreche von der Selbstverteidigung im privaten Bereich, damit man dir und deiner Familie nicht das Essen und die Ausrüstung wegnimmt. Mit Tonkugeln übt man "ökologisch" VOR Krisenzeiten.

Pistolenarmbrüste mit Magazin und Alu-Bolzen sind auch geeignet. Hier sagt das

Gesetz: *"Armbrüste sind* **Schusswaffen gleichgestellt** *sind, da sie* **feste Körper verschießen.".** ABER es sagt auch: *"Armbrüste sind Waffen, deren* **Erwerb und Besitz keiner Erlaubnis** *bedürfen.".* Leider sind sie größer als eine Zwille und schwieriger zu transportieren... Aber: mindestens EINE Verteidigungs-möglichkeit SOLLTEST du wählen und dich darin auf deinem Grundstück üben, ohne jemanden zu gefährden!

Ach, wir haben darinnen keinerlei Erfahrung mehr: wir müssen nicht mehr töten, um an Nahrung zu kommen oder um unser Leben zu schützen. Aber: dass wir überleben wollen, ist ein Urinstinkt, und auch DU wirst dich verteidigen, wenn jemand euer Essen stehlen will, weil du weißt, dass du, dein Kind und dein Mann sonst verhungern müssen. Wir kennen keinen Hunger. Wir kennen nur Frieden. Wir sind in einer Zeit aufgewachsen, in der wir uns nicht behaupten mussten, um zu überleben - höchstens im Großstadtdschungel... ;-)

Viele Menschen sind zu mehr fähig, als man jetzt glauben mag. Wappne dich!

Ich habe dir ein wenig von meinem erprobten Wissen weitergegeben... Vielleicht hilft es dir!

DAHEIM kann man sich vorbereiten mit **Vorräten** an Salz, Zucker, Mehl, Reis, Hartweizennudeln, Essen in "verlöteten Blechdosen" (wie Irlmaier betonte!) (PS: Dosenöffner bereitlegen!), Stoff-Damenbinden, Stofftaschentüchern, Stoff-Klopapier, Lesebrillen, Stiften, Papier, Papptellern und Pappbechern (wenn kein Wasser für den Abwasch vorhanden ist), Medikamenten, Wasserflaschen, Seife, Shampoo, Büchern und Spielen für die Ablenkung.

Alles, was du so brauchst, wenn du **Tiere und Kinder** hast, ebenso anschaffen und lagern. **Essen vor Ungeziefer schützen: gib es in dicht verschließbare, lebensmittelechte Plastikboxen!**

Noch ein wichtiger Tipp: **lade dir auf dein Handy** (am besten auf die Speicherkarte) **alle wichtigen Informationen herunter über Heilpflanzen**: wie man sie erkennt und wofür man sie nutzt. **Lade dir Videos herunter**, die dir zeigen, **wie man Feuer macht**, welche Feuerarten es gibt, **wie man mit einfach Mitteln warmes Essen machen kann...** Mit einer **Solar-Powerbank** kannst du dein Handy wieder aufladen und es noch nutzen, wenn es mal keinen Strom und auch keine Funkverbindungen geben sollte. Da hast du eine kleine "Bibliothek" bei dir... Ich weiß, das klingt alles total verrückt, aber letzten Endes kann das sehr helfen, sollte eintreffen, was prophezeit wurde...

Schreibe dir von all deinen Familien-mitgliedern und Freunden die **Namen, Adressen** und Telefonnummern in ein **kleines Heft** und packe es ein. Solltet Ihr Euch aus den Augen verlieren, braucht man die Adresse. Wir sind alle so dermaßen aufs Handy und seine

Zuverlässigkeit zu jeder Zeit fixiert, dass wir teilweise nicht mal ein Backup gemacht haben von den Nummern... Wer weiß sie heute noch aus dem Kopf? Wer hat noch ein privates Telefonbüchlein aus Papier, in dem von Hand geschriebene Adressen und Telefonnummern stehen? Ich wette, das sind nicht sehr viele im Verhältnis.

Tanke dein Auto jeden Donnerstag Abend voll und lass alle wichtigen Sachen darinnen, damit du schnell weg kannst, falls nötig... Wohin? Südlich der Donau und westlich des Rheins soll man in "relativer Sicherheit" sein. Irlmaier sagt aber auch, dass die Straßen schnell verstopft sein werden und die Autos zur tödlichen Falle werden. Warte nicht, bis der Krieg da ist. Sollte ein "Hochstehender" ermordet werden - am Balkan oder jemand, der mit Russland in enger Verbindung steht -, dann setz dich in deinen Wagen und fahr **SOFORT** los!

Ich höre jetzt auf, denn ich weiß, das ist viel! Ich hatte genug Zeit, mich mit diesen Dingen in meinem Leben zu befassen, für dich ist das jetzt alles neu. Aber ich kann dir eben nur meine ganz persönlichen Erfahrungen mitteilen, es ist kein "Allgemein-Rettungs-Konzept". Es ist, was es ist: ein Versuch, mein Outdoor- und Wildnis-Wissen in Verbindung zu bringen mit dem prophezeiten Krieg und den damit zu erwartenden Schwierigkeiten. Und am Ende wird es doch nur DER überleben, der **im Spätherbst eine FESTE BEHAUSUNG hat, deren Fenster er mit SCHWARZEM PAPIER abkleben kann** - so Irlmaier. Fliehen geht also mit dieser Ausrüstung, aber man MUSS ein Haus finden, in dem man Schutz vor dem spätherbstlichen Ereignis sucht. Doch woher DANN schwarzes Papier nehmen?

Ach, Sara, es klingt alles so unnatürlich, so unfassbar, so unglaublich. Auch ich will es nicht glauben und weiß doch, dass man Prophezeiungen SEHR ernst nehmen muss!

Bereite dich vor... Sollte kein Krieg kommen, isst du deine Vorräte nach und nach einfach auf, und du hast dann eine ausgezeichnete Campingausrüstung bzw. eine gute Krisenvorsorge... Auch nicht zu verachten... ;-) Man muss die Sache ja doch ein bisschen mit Humor nehmen, solange man es eben kann. Es ist ungewohnt, dass ich mich wieder in diesen Bereichen bewege, ich glaubte sie abgeschlossen, doch jetzt holen sie mich ein. Gut, dass ich früher dieses Wissen gesammelt und diese Dinge auch angewendet habe, sonst wüsste ich jetzt auch nicht, was ich dir raten kann.

Fühl dich lieb umarmt - Deine Tayala!

PS: **WICHTIG:** bereite dich bitte vor nach dem alten Wildnisspruch: **"Zweimal ist einmal, und einmal ist keinmal...!"**. Was das bedeutet? Hast du EINEN Wasserfilter und der geht kaputt, hast du keinen mehr. Ganz schlecht, wenn man nicht mehr nachkaufen kann! Bitte immer doppelte Ausführung besorgen: in deinen Rucksack und in den deines Mannes!

Dresden, den 16. Juli 2021

Teil 3

3. Weltkrieg in 2022 !

Was ich BISHER nicht wusste...

VORWORT

Liebe Leser!

Alois Irlmaier hat sicher vorausgesagt, was uns ereilen wird. Es steht für mich außer Frage, DASS dieser 3. Weltkrieg kommt, die eigentlich wichtige Frage ist: WANN!

Stephan Berndt, bekannter Prophezeiungsforscher und Buchautor auf diesem Gebiet, hat gesagt, dass die Hellseher und Wahrsager der Geschichte schon immer ein Problem damit hatten, sich zeitlich festzulegen. Nichts desto trotz ereignen sich viele Dinge, die längst geschrieben stehen.

Meine Vision, dass es 2021 Krieg geben wird, hat sich glücklicherweise nicht erfüllt. Doch ich will mich nicht ausruhen, mich nicht zurücklehnen und denken, der „Spuk" wäre vorüber. Nein. Ganz im Gegenteil. Meiner Meinung nach geht er erst richtig los...

Ich packe. Ich hatte es in 2021 nicht geschafft, mich rechtzeitig „in Sicherheit zu bringen", also in eines DER Gebiete zu gehen, die als „relativ sicher" beschrieben wurden durch den als äußerst zuverlässig in seinen Vorhersagen geltenden Alois Irlmaier. Ich wohne jetzt gerade da, wo der „gelbe Staub", der Millionen von Menschen und Soldaten töten soll, lautlos und todbringend vom Himmel fallen wird, um die russische Armee aufzuhalten. Unvorstellbar? Finde ich auch. Aber ich habe den gelben Staub gesehen – seit ich nach Dresden gezogen bin. Ich bitte niemanden, mich zu verstehen, ich bitte nur Gott, mir zu zeigen, wohin mich mein nächster Schritt führt, um in Sicherheit zu sein. Ich bitte, und ich DANKE, dass er mir meinen Weg zeigen und offenbaren möge. Er hat es immer getan. Warum sollte er es jetzt gerade nicht tun?

Ich will vertrauen, dass ich zur rechten Zeit in Sicherheit bin, dass ich dem Todeskampf auf deutschem Gebiet ausweichen kann, denn: es wird schlimm ausgehen. Es wird – was prophezeit wurde – eintreten. Ich habe es gesehen. Und ich warne ein letztes Mal mit meinen Zeilen, führe wichtige Fakten auf, die in meinen letzten Büchlein nicht erwähnt wurden und deren Erfüllung in 2021 fehlte...

Ich bin ein MEDIUM. Ich sehe, was ich sehe, und ich nehme es ernst. Und dass ich mich mit dem JAHR geirrt habe – dafür danke ich GOTT auf Knien!

Wir haben eine Gnadenfrist erhalten. Nutzen wir sie!

Eure Tayala Léha.

„Nichts ist gewiss,

bis es gewiss ist,

und dann ist es meistens zu spät!"

T. L.

Was fehlte noch...?

Einige wichtige Vorhersagen, die dem großen 3. Weltkrieg in Europa vorausgehen sollen, haben sich in 2021 nicht erfüllt. So gesehen hätte ich mir eigentlich im Klaren darüber sein können, dass 2021 kein Krieg stattfinden kann. Aber auch ich bin nicht gefeit vor der Angst, dass es losgehen wird, und besser, man warnt rechtzeitig und hat später noch Zeit, als dass man sich Zeit lässt und es geht los.

Ich möchte warnen, möchte Euch allen da draußen in der Welt sagen, dass es eine Prophezeiung gibt, die man sehr ernst nehmen muss! Unglaube kann in diesem Fall zum eigenen Untergang führen.

Ich bin weit davon entfernt, alle „Fakten" rund um die Prophezeiung zu kennen, aber ich kombiniere meine eigenen Visionen mit dem Wissen rund um die Prophezeiung und dem Wildnis-Wissen, was man braucht, um zu überleben. Nicht jeder hat Zeit, dies alles zu recherchieren. Wenn man mitten im Leben steht, morgens zur Arbeit geht und abends nach Hause kommt, vielleicht noch eine Familie hat, um die man sich kümmern möchte – da bleibt kaum mehr Zeit, um zu lesen und Zusammenhänge zu finden. So stelle ich mir das zumindest vor.

Ein waches Ohr hingegen kann jeder haben, der ein bisschen bewusster lebt. Und dieses „wache Ohr" ist das, was uns alle retten kann.

Ich habe hingehört, und was alles noch fehlte an Ereignissen vor dem Kriegsausbruch, das liste ich nun mehr oder weniger auf, nenne Euch meine neuen Erkenntnisse und hoffe, dass Ihr für Euch einen Weg findet, damit umgehen zu können, nicht in Angst zu erstarren oder alles auszublenden. Das Eine wie das Andere ist nicht wirklich zielführend – ganz im Gegenteil. All das hält uns ab vom zielstrebigen Handeln FÜR uns selbst und für UNSERE LIEBEN!

Diese Informationen sind ein Teil Eurer Vorbereitung, denn wie heißt der berühmte Spruch?

„Wissen ist Macht!".

So ist es! Wissen macht den Unterschied. Und dieses Wissen in praktische Vorbereitung und Erkenntnisse zu wandeln – das ist Euer Part wie auch der meine, ganz privat.

„2022 ist ein Karma-Jahr!"

Eine Kartenlegerin aus Berlin berät mich einmal im Jahr. Im Dezember 2020 hat sie mir die Karten gelegt und vorausgesagt, dass es 2021 **keinen** Krieg geben wird. Ich hatte nachgefragt, was ich sonst nie mache. Ich möchte einfach, dass sie mir unabhängig von den Fragen, die mich beschäftigen, sagt, was sie sieht...

Im Sommer rief ich sie noch einmal an, um mich zu versichern, ob es nicht doch losginge. Sie meinte wiederholt, dass es in 2021 keinen Krieg geben wird. Ich könne mich zurücklehnen. *„Was ist mit nächstem Jahr? Was ist mit 2022...?".* Sie ist ehrlich, hat eine freche „Berliner Schnauze" und spricht alles aus, wie ihr der Mund gewachsen ist.

„2022 ist ein Karma-Jahr. Wenn die Leute glauben, JETZT ginge es ihnen schlecht, dann ahnen sie nicht, was nächstes Jahr auf sie zukommt. Aber es wird ein anderer Krieg als Sie glauben.". Woher weiß sie, was ich glaube???

Ich vertraue ihr. Sie legt mir seit vielen Jahren die Karten, noch nie hat sie sich in Bezug auf mein Leben geirrt.

Beim Kartenlegen im Dezember 2020 sah sie für 2021 die LIEBE in meinem Leben liegen.

„Haben Sie etwas mit einem verheirateten Mann, der eine Tochter hat?". Ich erwiderte: *„Nein, habe ich nicht. Und das würde ich auch ganz sicher nicht wollen – eine Verbindung mit einem verheirateten Mann. Das kommt für mich nicht in Frage.".* Sie lachte kurz und sagte: *„Der kommt!".* Sie war sich ihrer Sache ganz sicher.

In dieser Angelegenheit glaubte ich ihr – um ehrlich zu sein - kein Wort. Ich konnte es mir einfach nicht vorstellen, denn ich möchte einen Mann nicht mit einer Frau teilen. Sie musste sich geirrt haben! Natürlich war mir klar, dass ALLE ihre Ansagen aus den Jahren zuvor eingetroffen waren, und auch ihre sonstigen, teilweise sehr detaillierten Voraussagen für 2021 haben sich mittlerweile bewahrheitet...

Was soll ich sagen? Im Juni 2021 lernte ich auf fast mystische Weise einen Mann kennen, zu dem ich mich sehr hingezogen fühlte wie er sich zu mir. Wir kamen zusammen. Er ist verheiratet und hat eine Tochter. Seine Scheidung läuft seit 2020, seine Tochter sieht er nicht und vermisst sie sehr. Es hat sich auch hier wieder gezeigt, dass die Karten nicht lügen...

„Wenn es einen Krieg gibt, dann müsste ich in den Karten Elend und Verderben sehen – von ALLEN Leuten, denen ich die Karten lege. Bisher sah ich es nicht.".
„Wie lange vorher würden Sie es denn sehen?".
„Frühestens ein dreiviertel Jahr vorher...".

* * *

Es ist der **30. November 2021**. Ich rufe nochmals bei ihr an und schreibe mit, was sie sagt – mit der Bitte um Erlaubnis, es veröffentlichen zu dürfen. Ihr Name bleibt anonym...

„2022 ist ein Karma-Jahr. Was bedeutet das?"
frage ich, denn ich will es wissen.

„Karma: Schicksal im Leben. Alles oder nichts.
Eigene Gesetze.". Kurz: es wird ungemütlich –
auf gesellschaftlicher Ebene und nicht nur für
einzelne Personen, so ihr Einblick.

Ihre letzte Aussage schockt mich:

„Viele Tote sehe ich für 2022 in meinen
Träumen..., viele Tote in ganz Europa!"

„Glutjahr, Flutjahr, Blutjahr"

Im Frühling habe ich in einer Chatgruppe die Prophezeiung gelesen:

„Glutjahr, Flutjahr, Blutjahr".

Es lief mir eiskalt den Rücken herunter... Ich spürte intuitiv, dass da was dran ist.

2020 hatten wir eine Hitze, die es lange Zeit davor nicht gegeben hat. Es war ein regelrechtes **„Glutjahr"**, das trockenste Jahr der vergangenen Jahre.

In 2021 haben uns die Fluten ereilt – weltweit. Es ist so offensichtlich, dass man weinen könnte... Die Fluten haben auch mich erwischt – wenn auch nur ein wenig. Andere hat es wesentlich schlimmer getroffen...

Tja, und 2022 ? Ratet mal, was da kommen könnte...?

Vulkanausbrüche

Vulkanausbrüche auf der Welt und Erdbeben sind vorausgesagt VOR dem Krieg. Es geht schon los... Die Vulkane speien: auf der Kanareninsel La Palma versinkt alles in Asche, und in Japan ist der Vulkan Aso aktuell aktiv. Der Ätna in Italien / auf Sizilien zeigt Aktivität und bricht immer wieder aus. Es wird weitergehen, das alles ist wohl erst der Anfang.

Es soll ganz kurz vor dem Krieg ein Erdbeben geben in Amerika, das eine ganze Stadt dem Erdboden gleichmacht. Oder ist es ein Angriff, eine Rakete? Aber dieses Ereignis, wo „die hohen Häuser am Meer fallen", soll ganz kurz vor unserem Krieg geschehen...

Zunehmende Naturspektakel verunsichern uns auch immer mehr, die Welt gerät aus den Fugen. Doch lassen wir uns nicht ablenken und konzentrieren uns auf das Wesentliche...

„Die Linke hält einen Siegeszug!"

Die linke Partei wird kurz vor dem Krieg in Deutschland an die Macht kommen. Ein „Stiernacken" soll unser Land mit harter Hand regieren und „den armen Leuten die Haut abziehen". Ob man wirklich nur die „armen" Menschen meint oder die Menschen allgemein bedauert mit diesem Spruch, bleibt abzuwarten. Dieser Mann - wer wird das sein? Spekulieren können wir. Warten wir ab, was geschieht. Dann können wir vielleicht staunen, wie sich alle Prophezeiungen fügen werden...
Der „Stiernacken" gilt interessanterweise als „universelles Dominanzsymbol".

Glaubwürdig oder nicht... - wir alle glauben in gewisser Weise an „mystische und überirdische Dinge", der eine mehr, der andere weniger. Prophezeiungen sind nachvollziehbar, also Augen auf! Was kommt? Was erfüllt sich? Wir haben die Chance, zu beobachten!!

„Jeden Tag gibt's neue Gesetze…"

„Der Stunk geht um die Welt.".

Alois Irlmaier hat Recht gehabt! Die globale Krise ist da. Und mit ihr die fast täglich wechselnden Regeln und Gesetze. *„Es ginge drunter und drüber.".*

Ich finde, diese Aussage passt zu unserer jetzigen Zeit. Und noch (es ist gerade November 2021, als ich diese Zeilen schreibe) haben wir Zeit. Es kann also noch verrückter werden, noch mehr „drunter und drüber gehen". Die Aussage von Irlmaier steht.

Ich sehe die Verwirrung der Menschen, wenn ich mit ihnen rede. Ich spüre ihre Verzweiflung, weil keiner mehr weiß, woran er ist.

Schauen wir auf die Prophezeiung! Sie steht. Das jetzt ist das Vorspiel…

Winterprognose

Es wird ein milder Januar, und im Februar können die Brauereien ihre Eiskeller füllen. Danach käme ein sehr schöner, zeitiger Frühling...

Am Wetter können wir sehen, wo wir stehen. Im Januar soll es sogar so warm sein, dass „die Mücken tanzen".

Nun, in 2021 war es so: ein milder Januar und ein sehr frostiger Februar mit einem zeitigen Frühling. Das allein hielt ich schon für sehr aussagekräftig, nur fehlten da die anderen Dinge, wie die Inflation, das Flutjahr und die Vulkanausbrüche.

Führen wir also Tagebuch und schreiben wir auf, wie kalt oder warm es war? Vielleicht ein Anhaltspunkt...

Kirschblüte und Nahost-Krieg

Zur Zeit der Kirschblüte soll im Nahen Osten ein Konflikt wieder entflammen. Das war in 2021 auch der Fall. Doch der Krieg bei uns kam (noch) nicht.

Halten wir also die Augen offen, was sich zu diesem Zeitpunkt im Nahen Osten so tut. Von ca. Mitte bis Ende April oder auch länger blühen die Kirschbäume üblicherweise in Deutschland – von Region zu Region unterschiedlich früh oder spät. Manchmal zieht sich die Kirschblüte bis in den Mai.

Also wieder Tagebuch führen und die Augen offen halten. Was „entflammt" im Nahen Osten zur Zeit der Kirschblüte in Deutschland?

Krieg zwischen
der Türkei und Griechenland

Das allerletzte Vorzeichen, auf das ich in 2021 am Ende gewartet habe, ist der türkisch-griechische Krieg, der nur Stunden oder wenige Tage vor dem Krieg hier in Deutschland ausbricht. Allerspätestens zu diesem Zeitpunkt müsste man sich auf die Socken machen, wenn man das Ganze überleben will.

Relativ „sichere Gebiete" beschreibt Stephan Berndt in seinem Buch „Refugium". Das lohnt sich zu lesen.

Der Krieg zwischen der Türkei und Griechenland muss ausbrechen, wenn die Prophezeiungen stimmen, denn sie sagen diesen Krieg voraus. DANN erst solle der 3. Weltkrieg beginnen. Und da die Türken nicht weit kommen auf griechischem Boden (max. 100 km), ist es fraglich, wie lange es dauert, bis bei uns scharf geschossen wird.

Ich weiß, dass Menschen, die sich niemals im Krieg befunden haben, niemals erlebt haben, wie man sich verteidigen muss – sich und seine Lieben, die niemals gehungert haben, sich das einfach nicht vorstellen können.

Krieg ist Zerstörung!

Im Krieg wird keiner fragen, wie es dir geht. Da wird sich jeder um sich selber kümmern. Natürlich mag es hier und da ein paar Ausnahmen geben: menschlich handelnde Menschen. Aber man sollte sich mal die Menschen anschauen, die man so um sich herum hat. Hilft man einander? Ist man füreinander da? Kann man sich aufeinander verlassen?

Wenn das JETZT schon nicht klappt, dann ist in der Krisenzeit nicht auf Besseres zu hoffen.

Heute spaltet eine Meinung Deutschland. Wie wird es erst sein, wenn man hungert und dem Tod ins Auge sehen muss?

Davon haben wir keine Vorstellung – wir alle nicht.

Handelt, solange Zeit dafür ist. Bereitet Euch vor. Wir haben noch ein paar Monate, um zu überlegen, was man alles tun kann und tun muss. Was sollte man können? Was sollte man wissen? Beschäftigt Euch mit dem Thema, denn: wenn es kein Internet mehr gibt, sind wir auf uns allein gestellt...

<u>Erinnerung: Freitag Nacht...</u>

Alois Irlmaier, einer der zuverlässigsten Hellseher Deutschlands, hat zu einer Frau gesagt, dass der Krieg Freitag Nacht ausbrechen würde... - zwischen 00.00 Uhr und 2.00 Uhr. Nun frage ich mich: in der Nacht von Donnerstag auf Freitag oder in der Nacht von Freitag auf Samstag... Das kann jeder für sich austüfteln. Wappnen würde ich mich auf jeden Fall rechtzeitig!

Man hätte nicht viel Zeit, um sich westlich des Rheins oder südlich der Donau in Sicherheit zu bringen... Morgens schauen ja die Russen – so Irlmaier – zum Fenster herein, während die Deutschen im Wirtshaus ihr Bier trinken. Müsste ein Frühschoppen am Wochenende sein, oder trinken die Deutschen im Wirtshaus auch Freitag Morgen ihr Bier??? Keine Ahnung...

Auf jeden Fall käme der Angriff der Russen VÖLLIG überraschend. Das sollten wir auf jeden Fall in unserem Bewusstsein halten! Niemand rechnet damit, wirklich niemand. Keiner ist vorbereitet...

Naja, es wird schon ein paar Leute geben, die aufhorchen, die „das Gras wachsen hören" und rechtzeitig reagieren... Hoffen wir`s!

Aussagen alter Leute

Ich kenne eine Menge junger Leute, die maximal 40 Jahre jung sind, die ihre Großeltern in 2020 und 2021 haben sagen hören: „Wir steuern auf einen 3. Weltkrieg zu...".

Ist das so? Woher nehmen sie diese Vermutung? Ist es eine Ahnung? Oder sehen sie Vorzeichen wie damals vor dem 2. Weltkrieg? Woher nehmen sie diese – fast an Gewissheit grenzende – Aussage mit einem Inhalt, der uns das Blut in den Adern gefrieren lässt...?

Der Opa einer lieben Bekannten, die erst Mutter geworden ist, hat 2020 gesagt: „Ich wünsch es dir ja nicht, Mädel, aber ich denke, es wird bald Krieg geben.". Viele solche Ansagen schwirren durch meinen Bekanntenkreis. Geht es Euch auch so? Schiebt Ihr diese Informationen weg? Sind die Ideen / Ahnungen alter Menschen nicht zuverlässig und auf gar keinen Fall ernst zu nehmen?

Ich würde sagen: sie wissen, was sie fühlen.

Und sich am Gespür der Älteren zu orientieren, kann uns hier einen Vorsprung geben... - ganz privat, um in Sicherheit zu kommen, wenn man sich informiert hat, wie und wo.

Man braucht ein Haus.

Um DIESEN Krieg zu überstehen, braucht es spätestens gegen Ende des Krieges, im Spätherbst, ein Haus. Wenn man das nicht hat, ist man verloren.

In dem Buch „Die dreitägige Finsternis" von Stephan Berndt kann man mehr nachlesen. Das würde jetzt hier zu weit gehen. Aber ich will es auch nicht unerwähnt lassen.

Wer glaubt, dass er sich mit einem Zelt in die Wildnis absetzen kann, um den Wahnsinn auszusitzen, wird sich in Lebensgefahr bringen.

Ein Haus, dessen Ritzen man luftdicht

verschließen muss, ist das einzig probate Mittel, am Ende auch noch DAS Ereignis zu überstehen, bei dem so viele Menschen in EINER Nacht sterben werden wie im ersten und zweiten Weltkrieg zusammen... - so die Prophezeiung.

Im 1. UND 2. Weltkrieg starben – laut Informationen aus dem Internet – insgesamt 6.355.000 Menschen. Über 6 Millionen Menschen in EINER NACHT würden dann gegen Ende des Krieges bei einer Naturkatastrophe noch sterben... Kann man sich so etwas vorstellen? Die Antwort kann nur lauten: NEIN!!!

Und dennoch: die Prophezeiung ist uns weitergegeben worden. Irlmaier hat eindringlich vor diesem Krieg gewarnt und gesagt, dass er mehr als nur froh ist, ihn nicht mehr erleben zu müssen.

Vielleicht denkt der ein oder andere auch so.

Man hat die Wahl: entweder entscheidet man sich FÜR DAS LEBEN oder man entscheidet sich FÜR DEN TOD.

Wählt man das LEBEN, dann bereitet man sich vor. Wählt man – vielleicht auch unbewusst – den Tod, dann kann man sich - etwas salopp ausgedrückt - die Mühe sparen...

„Ich will das gar nicht überleben...“

Ein sehr guter Freund und auch eine liebe, ältere Freundin haben gesagt, dass sie so etwas gar nicht überleben WOLLEN. Was wäre danach? Wäre die Erde eine Wüste? Wieviele Menschen wären noch da von denen, die man liebt? Ist das Leben dann noch lebenswert?

Unsere Großeltern und Urgroßeltern haben den Krieg noch erlebt. Sie haben weitergemacht, auch, wenn liebe Menschen tot waren. WIE man das schafft – das weiß ich nicht. WIE stark man sein muss, um solchen Verlusten zu begegnen, bleibt mir ein Rätsel. Aber sie haben EINES sicher getan: für den heutigen Tag gesorgt, so gut es eben ging. Und das haben sie beibehalten – ein Leben lang. So sind sie alt geworden...

Ich weiß, dass viele, die aus dem Krieg kamen, nicht mehr dieselben Menschen waren wie zuvor. Das leuchtet ein. WILL man dann noch leben? Das kann am Ende nur jeder für sich allein beantworten, und zwar DANN, wenn es soweit ist.

In dem Film „Die Flucht" (ein Zweiteiler) zeigt sich ganz deutlich, dass der Gutsbesitzer mit seinem Leben lieber abschloss, als sich in die Strapazen einer Flucht zu begeben oder in die Hände der feindlichen Soldaten zu fallen. Als sie auf den Hof fuhren, tötete er seine Hunde und dann sich selbst.

Wir sind nicht für Kriege gemacht. Wir sitzen derzeit auf unserem Sofa und schauen fern. Wir haben es gemütlich. Wir haben Essen und

Getränke, wir haben es warm. Wir haben alles, was wir zum Leben brauchen. Und: wir kennen es nicht anders. Nun, der Krieg nimmt dir alles. Man hungert, durstet, weint um seine Lieben, friert, leidet,... Man muss auf VIELES verzichten, man hat keine Wahl. Es ist einfach nichts da...

Meine Großeltern haben diesen Mangel ewig mit sich genommen in ihrem Leben. Es wurde niemals Essen weggeschmissen. Jede Kleinigkeit wurde verzehrt. Auch ich durfte nichts wegschmeißen, da musste ich mir öfter mal einen „Vortrag" anhören... Als Kind verstand ich das nicht, warum meine Oma so dermaßen emotional und streng reagierte. Heute verstehe ich, wieso sie so reagieren MUSSTE. Sie konnte nicht anders...

Willst du leben? Willst du sterben? Am Ende muss man diese Entscheidung wohl spätestens DANN fällen, wenn die Russen in ihren Panzern im Hochsommer eines Jahres X mit feindlicher Gesinnung über deutsche Straßen fahren...

Ein letztes Wort...

Nichts ist für die Ewigkeit... - sagt man.

Das Leben unterliegt Schwankungen, man hat gute Phasen, man hat schlechtere Phasen. Das kann für einen ganz persönlich gelten oder auch in einem gesellschaftlichen Kontext.
Hier beträfe uns das alles gemeinschaftlich. Und am Ende werden Viele von uns nicht mehr auf dieser Welt sein...

Darauf will ich nicht meinen Schwerpunkt in diesem Buch legen, ganz sicher nicht. Aber ich möchte Eines doch noch festhalten: ich habe die andere Welt gesehen. Ich war dort...

„*Sterben ist nicht schlimm...*" sagte schon Gandalf, der Zauberer, in dem Fantasy-Film „Der Herr der Ringe", als er dem kleinen Hobbit Mut machen wollte, weil dieser den Tod fürchtete. Gandalf war schon dort gewesen – in dieser anderen Welt. Und er war zurückgekehrt, um seine Aufgabe zu erledigen, die er noch hatte.

Mir erging es ähnlich. Auch ich war schon in dieser jenseitigen Welt, die ich mit nichts anderem als den Worten „tiefer Frieden und Liebe" beschreiben kann. Dieses alles durchdringende Gefühl dieser Liebe und dieses Friedens kann ich nicht wiedergeben mit meinem irdischen Wortschatz. Das ist einfach nicht möglich. Es sind Gefühle, die „jenseits von dieser Welt sind". Diese Liebe, die wir hier kennen, verblasst im Gegensatz zu dem, was ich DORT spürte. Diese LIEBE durchdringt dich, erfüllt jede Faser deiner Seele, macht dich leuchten! Der TIEFE FRIEDEN ist ein Gefühl „ewiger Glückseligkeit"... - vielleicht kann man es so beschreiben.

Was will ich Euch damit sagen?
Dass es nicht schlimm ist, in die jenseitige Welt zu wechseln. Das Schlimmste, was wir erleben

können, sind irdisches Leid und hiesige Seelenqualen und Schmerzen unseres Körpers.

Ich weiß, was dieses Gefühl in dieser herrlichen, lichtvollen Welt mit mir gemacht hat: es hat mich ERFÜLLT! Und als ich zurückkam, fühlte ich mich leer und so, als wäre ich hier am falschen Platz. Es gab hier nicht diese Liebe und diesen Frieden, die mich glücklich gemacht hatten in dieser kurzen Zeit. Ich haderte mit meinem Sein und ich tue es – ehrlich gesagt – noch heute, Jahre später.

Man kann diese beiden Welten nicht miteinander vergleichen – das habe ich jetzt verstanden. Ich mache auf Erden DAS, wofür ich geboren wurde: MITTLER sein zwischen Himmel und Erde und meine medialen Fähigkeiten nutzen, um zu helfen und zu informieren mit meinen Büchern...

Ich will nicht sagen: beendet Euer Leben. Es ist schön dort... Nein, das will ich auf gar keinen Fall!

Ich möchte Euch die Angst nehmen, denn ich

verspreche es Euch nicht nur, ich SCHWÖRE bei allem, was mir heilig ist: es geht weiter, und diese lichtvolle Welt, in der ich war, ist WUNDERSCHÖN!

Möge uns auf Erden die Kraft und Zuversicht gegeben sein, einer Gefahr ins Auge zu blicken, die auf uns zuzukommen scheint.

Wir können bleiben, wir können kämpfen, wir können fliehen. Was auch immer jeder für sich als richtig und vertretbar erachtet, er sollte sich drüber innerlich klar werden, wo er stehen will und wird.

Manche Menschen haben vor dem 2. Weltkrieg das Land verlassen, weil sie ahnten, was da auf Deutschland zurollte. In DIESEM Krieg wird es kaum ein Entrinnen geben, sollten wir den Zeitpunkt verpassen, RECHTZEITIG gegangen zu sein. Man wird uns nicht warnen, weil man es nicht kommen sieht: das Desaster.
Macht Eure Augen auf und Eure Ohren weit

und schaut und lauscht auf alles, was in Verbindung mit der Prophezeiung als Vorbote „geschrieben steht":

...die vielen bunten Fremdlinge, die ins Land kommen...

...die Inflation...

...der Linke, der „Stiernacken", der die Leute schröpft und mit harter Hand eine kurze Zeit regiert...

...die Naturkatastrophen, wie Vulkanausbrüche und dadurch ausgelöste Tsunamis...

...das Aufflammen eines Nahost-Konfliktes zur Zeit der Kirschblüte in Deutschland...

...und letzten Endes der türkisch-griechische Krieg ganz kurz vor dem Beginn des 3. Weltkrieges...!

Ich wünsche uns allen viel Glück und... Mut,

den Dingen ins Auge zu schauen und uns gewahr zu werden, wie kostbar unser Leben ist! Sorgt vor, behütet Euch wohl und sorgt FÜREINANDER!

Tayala Léha!

Lache und lebe jetzt!

Genieße das Leben...!

Küsse!

Liebe!

Fühle die Schönheit um dich herum!

Und sei dir bewusst,

dass DAS JETZT dein Leben ist!

Tayala Léha

2021

HINWEIS

Ich habe meine Informationen so kurz und knapp gefasst wie nur möglich. Meine Recherchen waren und sind ausgiebig und umfassend; ich kann nicht alles wiedergeben in diesem kleinen Buch. Das ist auch nicht meine Absicht gewesen... Ich habe versucht, Ihnen die – nach meinem Empfinden – wichtigsten Informationen mit meinem aktuellen Wissensstand so übersichtlich wie nur möglich zu präsentieren, wohl wissend, dass die meisten Menschen keine Zeit haben, sich in dieses Thema zu versenken.

Mögen Euch diese Zeilen eine Hilfe sein und Erkenntnis bringen.

Nutzt auch das Internet für Recherchen!

Und bitte feilt, verbessert meine Vorschläge zur Vorsorge. Es gibt viele Stellen, wo man sich informieren kann!